Biblioteca Âyiné 19

EM DEFESA DO FERVOR
Adam Zagajewski

Título original *A defense of ardor*
Obrona żarliwości, Uwagi o wysokim stylu, Przeciwko poezji,
Poezja i wątpliwość

© Editora Âyiné, 2021
© Adam Zagajewski, 2002
Publicado em acordo com Farrar, Straus and Giroux, New York

Tradução do polonês Eneida Favre

Edição Maria Emilia Bender

Preparação Ana Martini

Revisão técnica Piotr Kilanowski

Revisão Giovani T. Kurz, Mariana Delfini

Imagem da capa Julia Geiser

Projeto gráfico Renata de Oliveira Sampaio

ISBN 978-85-92649-81-4

Editora Âyiné
Belo Horizonte · Veneza

Direção editorial Pedro Fonseca

Coordenação editorial Luísa Rabello

Produção editorial Ana Carolina Romero, Rita Davis

Conselho editorial Simone Cristoforetti, Zuane Fabbris,
Lucas Mendes

....

Praça Carlos Chagas, 49 – 2º andar
30170-140 Belo Horizonte – MG
+55 31 3291-4164
www.ayine.com.br
info@ayine.com.br

Em defesa do fervor
Adam Zagajewski

Tradução do polonês de Eneida Favre

7	Em defesa do fervor
37	Considerações sobre o estilo elevado
71	Contra a poesia
91	Poesia e dúvida

Em defesa do fervor

De Lwów[1] para Gliwice; de Gliwice para Cracóvia; de Cracóvia para Berlim (por dois anos); depois para Paris, por um longo período, e de lá, todos os anos, para Houston (por quatro meses), e então de volta para Cracóvia. A primeira viagem foi imposta pelos tratados internacionais que puseram termo à Segunda Guerra Mundial. A segunda, apenas pela sede natural de educação (os jovens poloneses de então achavam que poderiam encontrar uma boa educação – se era isso que buscavam – na velha Cracóvia). A terceira, moveu-a a curiosidade pelo outro mundo, o ocidental. A quarta se deu pelo que discretamente denominamos «motivos de ordem pessoal». Enfim, a quinta (Houston)

---

1 Lwów – conhecida hoje em dia, em português do Brasil, por Lviv – é uma cidade localizada atualmente na Ucrânia, desde que, em 1945, após o fim da Segunda Guerra Mundial, foi cedida pelos Aliados à União das Repúblicas Socialistas Soviéticas e passou a fazer parte da República Socialista Soviética da Ucrânia. O autor nasceu na cidade quando ela ainda pertencia ao território polonês, em abril de 1945, e refere-se a ela por seu antigo nome em polonês. [Todas as notas são da tradutora.]

deveu-se à curiosidade não só pelo mundo (Estados Unidos) como por aquilo que, de forma reservada, chamamos necessidade econômica.

Lwów, por mais de cem anos a capital da Galícia, distrito do império dos Habsburgo, uniu as influências da cultura europeia ocidental à abertura para os influxos do Leste (a bem da verdade, o Leste estava menos presente ali do que em Vilnius ou até em Varsóvia). A provinciana Gliwice é uma cidade prussiana, sede de uma guarnição militar, com uma história que remonta à Idade Média e que depois da Segunda Guerra foi entregue à Polônia pelos Três Grandes; eu aprendia russo e latim na escola e tinha aulas particulares de inglês e alemão. A transferência compulsória de minha família, de Lwów para Gliwice, foi sintomática da grande mudança. Ainda que tenha sido anexado ao império do Leste em 1945, meu país foi paradoxalmente deslocado para o Oeste, em termos físicos, fato cujas consequências só apareceriam muito tempo depois.

Meu avô era bilíngue. O polonês era sua segunda língua, pois fora criado pela família alemã de sua mãe morta prematuramente; durante a ocupação nazista, porém, não lhe passou pela cabeça aceitar a condição de *volksdeutsch*.[2] Na juventude, escreveu em ale-

---

2 *Volksdeutsch*, em alemão, e *folksdojcz*, em polonês: termo utilizado durante a Segunda

mão uma tese de doutorado sobre Albrecht von Haller, publicada em Estrasburgo no começo do século.

Em Cracóvia, eu sentia as influências daquilo que era o melhor da tradição polonesa – recordações distantes da Renascença inscritas na arquitetura e nas exposições dos museus, o liberalismo da intelligentsia do século XIX, a energia das duas décadas do entreguerras e a influência da oposição democrática que despontava.

No início dos anos 1980, Berlim Ocidental me parecia uma síntese estranhíssima da antiga capital da Prússia com a cidade frívola fascinada por Manhattan e ainda com a vanguarda (por vezes achava que alguns intelectuais e artistas locais tratavam o muro como mais uma invenção de Marcel Duchamp). Em Paris, não creio ter encontrado as grandes mentes, os grandes juízes franceses da civilização – cheguei tarde demais. Em vez disso, vi a beleza da metrópole europeia, uma das poucas que possuíam o segredo da juventude eterna (mesmo a barbárie do barão Haussmann não demoliu a continuidade da vida urbana). Por último, no fim dessa curta lista, conheci Houston,

---

Guerra Mundial para designar as pessoas de origem alemã que moravam fora das fronteiras da Alemanha. Na Polônia, na época da guerra, admitir ser um *folksdojcze* e usufruir das regalias provenientes da origem alemã era considerado traição.

uma cidade sem história localizada numa planície, uma cidade de carvalhos eternamente verdes, computadores, autoestradas e petróleo (mas também de bibliotecas maravilhosas e de uma filarmônica excelente). Depois de algum tempo, compreendi que poderia tirar certos proveitos tanto da catástrofe da guerra – a perda da cidade natal – como das viagens posteriores, contanto que não fosse muito preguiçoso e aprendesse bem a língua e a literatura de meus vários endereços. Eis que agora sou como o passageiro de um pequeno submarino que tem não apenas um periscópio, mas quatro. Um deles, o principal, está voltado para a tradição polonesa. O segundo abre-se para a literatura alemã, para sua poesia, seu (outrora) desejo de infinitude. O terceiro, para o cenário da cultura francesa, com sua inteligência penetrante e seu moralismo jansenista. O quarto mira Shakespeare, Keats e Robert Lowell, a literatura da concretude, da paixão e da conversação.

**

Certa vez, num agosto, mês em que a Europa descansa intensamente, passamos duas semanas em uma das mais lindas paisagens europeias, em Chianti, na Toscana. No pátio de uma residência muito aristocrática (um mosteiro do século XI que fora transformado em palácio e embelezado com um lindo jardim, e no qual já havia alguns séculos não viviam monges) realizou-se um concerto de música de câmara. O público daquele concerto era muito peculiar: consistia, com algumas exceções (uma delas sem dúvida o escritor destas palavras), de pessoas muito poderosas, donas de outros palácios, casas e vilas. Uma sociedade internacional – muitos ingleses (entre eles algumas senhoras que, não se sabe o motivo, resolveram se comportar como inglesas caricaturais), alguns americanos e, obviamente, italianos. Em outras palavras, eram vizinhos das terras da proprietária. Alguns só passavam o verão na Toscana, outros moravam lá o ano todo. O concerto começou com um dos primeiros quartetos de Mozart; quatro jovens mulheres tocaram divinamente, mas os aplausos foram de certo modo modestos. Fiquei um pouco irritado com isso, e justo naquele momento pensei que era necessário defender o fervor. Por que esse público rico não sabia apreciar a excelente execução de Mozart? Será que a riqueza nos torna menos predispostos ao entusiasmo? Por que a performance apaixonada de Mozart não encontrou eco numa igualmente apaixonada recepção por parte do público?

Na mesma época, uma das minhas leituras de férias era por acaso uns ensaios de Thomas Mann, entre eles «Freud e o futuro», escrito para uma palestra nos anos 1930. Qual poderia ser o elo entre a tépida reação de um punhado de ricos a um concerto e o ensaio de Mann? Talvez apenas este: também em Mann, que nos anos 1930, quando trabalhava no livro *José e seus irmãos*, procurava o fundamento para sua nova orientação intelectual, encontrei uma atitude um tanto morna e irônica. Evidentemente, a motivação de Thomas Mann não tinha nada a ver com o entediado grupo do concerto vespertino. Mann decifra nesse ensaio a intenção fundamental de Freud como uma atitude que lembra um pouco o trabalho de um sapador num campo minado: temos que lidar com materiais explosivos de grande potência. Os velhos mitos escondem em si imensos perigos; são como bombas que precisam ser desarmadas. É claro que hoje precisamos ler os ensaios de Mann de uma perspectiva histórica, não esquecendo seu contexto. O autor de *Os Budenbrook* interpretou o nazismo e o fascismo como um retorno à energia do mundo mítico, à violência destrutiva do mito arcaico, e quis opor àquela grande onda de terror a substância atenuante da ironia humanística – mas uma ironia não desarmada de todo, não abstrata por completo, «de gabinete», mas igualmente injetada no mito, só que de uma maneira diferente, estimulando a vida sem recorrer à violência.

Será que Thomas Mann de fato venceu? Afinal de contas, hoje em dia ecoam vozes um tanto semelhantes nos círculos muito modernos, pós-modernos. A ironia, para dizer a verdade, mudou seu sentido aqui; já não é mais uma arma direcionada contra a barbárie do sistema primitivo que triunfa bem no centro da Europa. Expressa, em vez disso, o desapontamento pelo colapso das expectativas utópicas, a crise ideológica causada pela erosão e o comprometimento das convicções que, por meio de teorias políticas escatológicas, queriam substituir a metafísica tradicional das crenças religiosas pelas teorias políticas escatológicas. A ironia como defesa desesperada contra a barbárie – dessa vez, a barbárie do comunismo, sua burocracia desalmada – foi também utilizada por muitos e muitas poetas da Europa Oriental (hoje isso também acabou; não seria o neocapitalismo um hábil ironista?).

Entretanto, não é que Thomas Mann tenha vencido, outra ironia venceu; de qualquer forma, encontramo-nos num cenário muito irônico e cético; meus quatro periscópios, todos eles, me mostram um quadro semelhante, e talvez apenas em minha pátria ainda se defendam os últimos bastiões de uma postura mais assertiva.

Alguns autores flagelam a sociedade de consumo com a ajuda da ironia; outros continuam lutando contra a religião; outros ainda, contra a burguesia. Às vezes a ironia pode expressar uma coisa diferente – a sensação de estar perdido num mundo pluralista. Às vezes apenas encobre a pobreza intelectual. Porque, sem dúvida, quando não se sabe o que fazer, é melhor ser irônico. Depois veremos.

A ironia também foi elogiada tempos atrás por Leszek Kołakowski em seu outrora famoso ensaio «Kapłan i błazen» [O sacerdote e o bufão] (1959), famoso não só no estreito círculo acadêmico. Foi um texto estudado com entusiasmo em Varsóvia e em Praga, em Sófia e em Moscou, e provavelmente em Berlim Oriental. Brilhante e profundo, trouxe a promessa de uma outra perspectiva. Lembrava a onipresença das tradições teológicas, embora numa roupagem bastante contemporânea. Ao dogma do sacerdote hierático – qualquer leitor mais inteligente sabia que se tratava de uma crítica vigorosa ao stalinismo – contrapunha-se a figura do bufão, brilhante e mutável como Proteu, que caçoava da civilização fossilizada construída sobre doutrinas. Esse texto, que ainda hoje mantém sua extraordinária força argumentativa e conserva seu frescor, foi uma contribuição singular para uma crítica fundamental da civilização comunista; ao mesmo tempo, desenvolveu-se a partir do estado de espírito daquela época. Podemos ouvir os ecos dos incontáveis, inspirados e hilariantes espetáculos de cabarés estudantis, que em Gdańsk, Varsóvia e Cracóvia (e provavelmente em outras cidades europeias conquistadas por Moscou) produziam um humor antissoviético sensacional. Também na poesia encontramos tons que se aproximam da ontologia do «bufão» (em Wisława Szymborska, por exemplo, cujos poemas daquela época valem a pena ser lidos junto com o ensaio-manifesto de Kołakowski).

Kołakowski afastou-se de seu manifesto – sua evolução revela um fascínio crescente por problemas teológicos, que afinal sempre o interessaram. Excelente «técnico» da filosofia, autor de *Main Currents of Marxism* [As principais correntes do marxismo], continua a aproximar-se assimptoticamente da fé, assim como se quisesse nos dizer (nunca nos dirá diretamente, já que não é um poeta) que não pode viver na condição de bufão permanente, pois seu significado se esgota no aspecto polêmico, em suas incessantes provocações endereçadas a poderosos oponentes.

Num ensaio bem mais tardio, «The Revenge of the Sacred in Secular Culture» [A vingança do sagrado na cultura secular], Kołakowski diz: «A cultura que perde o sentido do *sacrum* perde todo o seu sentido».

O sacerdote pode se arranjar sem o bufão; ninguém, no entanto, vai encontrar o bufão no deserto, nem no eremitério da floresta. Mas nossa época – esse *puer aeternus* da história – adora uma discordância. Não à toa a concepção de «carnaval» de Bakhtin, da revolta contra a hierarquia, tanto agrada aos professores de literatura.

Num capítulo de *A desumanização da arte*, com o expressivo título «Condenados à ironia», Ortega y Gasset ressalta o caráter irônico da cultura vanguardista do século xx, sua veemente aversão ao *páthos*, ao sublime: «A inevitável dose de ironia [...] satura a arte moderna com monotonia, a qual pode levar ao desespero até os mais pacientes».

Permanecer por muito tempo no mundo da ironia e da dúvida nos desperta o desejo de alimento mais nutritivo. Pode ser que queiramos reler o discurso clássico de Diotima em *O banquete*, de Platão, sobre a caminhada do amor rumo ao alto. Mas também pode ser que uma estudante americana que escute Platão pela primeira vez diga: *He's such a sexist*. Outro estudante, comentando a primeira estrofe da elegia de Hölderlin, «Pão e vinho», poderá observar que em nossas grandes cidades já não experimentamos a verdadeira escuridão, o verdadeiro anoitecer, pois as lâmpadas nunca se apagam, nem se desligam os computadores e a energia elétrica – como se ele não quisesse ver o que de fato importa no poema, a passagem do frenesi do dia para a meditação que nos propõe a noite, essa «estrangeira».

Tem-se a impressão de que nossa contemporaneidade favorece apenas certa etapa da caminhada eterna, que nunca se acaba. Essa caminhada é mais bem descrita pelo conceito de *metaxy* emprestado de Platão: estar num estado «intermediário» entre a nossa terra, nosso ambiente (assim acreditamos) bem conhecido, concreto e material, e a transcendência, o mistério. *Metaxy* define a situação do ser humano como ente que está irremediavelmente «a meio caminho». Tanto Simone Weil quanto, de maneira diferente, Eric Voegelin (pensadores que odiavam o totalitarismo e com os quais aprendi sobre o *metaxy* platônico) utilizaram essa categoria; Voegelin fez dela, inclusive, um dos pontos centrais de sua antropologia.

Com efeito, nunca conseguiremos nos estabelecer em definitivo na transcendência (tampouco jamais conheceremos seu sentido). Diotima nos convida justamente a nos dirigirmos em direção ao belo, às coisas elevadas, mas ninguém fixa residência para sempre nos mais altos Alpes, não arma as barracas por muito tempo, não constrói uma casa na neve eterna. Teremos de descer diariamente (ao menos para dormir... afinal a noite tem duas faces: é a «estrangeira» que nos convoca à meditação, mas é também aquele período de absoluta indiferença, período do sono, e o sono demanda a supressão radical do êxtase). Sempre voltaremos à rotina depois da experiência da epifania, depois de escrever um poema; vamos entrar na cozinha e decidir o que comer no almoço; depois abriremos o envelope do qual cairá a conta do telefone. Continuamente circularemos entre o sublime Platão e o objetivo Aristóteles... E ainda bem, porque caso contrário no alto espreita por nós a loucura, e embaixo, o tédio.

Estamos sempre «entre» e, em certo sentido, em nosso movimento contínuo, sempre traímos o outro lado. Imersos no cotidiano, na rotina trivial da vida prática, esquecemo-nos da transcendência. Indo em direção à divindade, negligenciamos o prosaico e a concretude, afastamo-nos do seixo, daquele seixo ao qual Zbigniew Herbert dedicou um lindo poema,[3] que é um hino da presença pétrea, pacífica e soberana.

---

3   Zbigniew Herbert (1924-98), um dos maiores poetas poloneses, foi também ensaísta e dramaturgo. O poema mencionado, «Kamyk» [O seixo], foi publicado em 1961 no volume de poemas *Studium przedmiotum* [O estudo do

As ligações entre aquilo que é elevado e aquilo que é baixo, porém, são muito complicadas. Basta observar qualquer uma das naturezas-mortas de Chardin (a bela *Natureza morta com ameixas*, por exemplo, que pertence à Frick Collection de Nova York): aparentemente trata-se apenas de um copo de vidro grosso, com uma brilhante superfície esmaltada, com um prato e uma garrafa bojuda. Ainda assim, aprendemos a amar as coisas unitárias e concretas. Por quê? Porque existem e são neutras, isto é, incorruptíveis. Aprendemos a valorizar a objetividade, a fidelidade da descrição, a veracidade dos relatórios – numa época em que se apreciava tanto o emprego da mentira, sobretudo na Europa Central.

Metaxy é mais que o estado de suspensão entre a terra e o céu; para aqueles que tentam pensar e escrever, essa categoria parece também conter advertências essenciais. Já que não nos é permitido permanecer

---

objeto]. A seguir, o poema, em tradução de Piotr Kilanowski: o seixo é uma criatura/ perfeita/ igual a si mesmo/ guardião das suas fronteiras/ precisamente repleto/ com o sentido de pedra/ com um aroma que não lembra nada/ nada espanta não desperta desejo/ seu ardor e frieza/ são justos e cheios de dignidade/ sinto um remorso pesado/ quando o seguro na mão/ e seu nobre corpo/ é trespassado pelo falso calor/ - Os seixos não se deixam domesticar/ até o fim olharão para nós/ com seu olho sereno muito claro.

imóveis nem nas alturas nem na terra, devemos olhar atentamente para nós mesmos e, se buscamos uma essência superior, evitar a retórica, da qual não estão livres algumas formas de religiosidade. Parece até que a religiosidade por vezes conduz a uma intolerável autoconfiança e, num sentido puramente psicológico, e linguístico, produz aquele jargão cheio de pompa dos sacerdotes que ouvimos em alguns templos. Embora possa soar exagerado, eis como Kathleen Raine, poeta e filósofa, comenta esse tipo de juízo em seu livro autobiográfico *The Land Unknown* [A terra desconhecida]:

> Nós nos acostumamos a uma reversão cada vez mais radical da norma que dita o que deveria ser dito e o que deveria ser calado. Considera-se que a confissão de pensamentos ou feitos vis e baixos é mais «sincera», logo, mais verdadeira do que se limitar às percepções que vêm à tona apenas quando ultrapassamos os limites do nosso «eu» habitual. Externar visões de coisas elevadas ou belas é tido como um autoengrandecimento hipócrita.

No entanto, também não teria razão Benedetto Croce ao dizer, em sua *The Defense of Poetry* [Defesa da poesia], conferência pronunciada em Oxford, em 1933, que os críticos «são dotados de uma estranha resistência que lhes permite, durante toda a vida, lidar com livros de poesia, editá-los e adicionar-lhes notas, discutir variadas interpretações, pesquisar as fontes, encontrar informações bibliográficas, sem o menor risco de se contagiarem com o fogo poético»? E sobre os sacerdotes: «tanto grandes mentes quanto pessoas completamente simples sentem o apelo da religião, mas não aqueles que lidam com os utensílios sagrados, não os padres e sacristãos, que com indiferença e, por vezes, sem um pingo de respeito, celebram seus rituais» (mas nem todos!).

Por outro lado, pode-se também facilmente «se fossilizar» na ironia e no cotidiano vivido de maneira vulgar – e acredito que esse seja o verdadeiro perigo de nosso momento histórico, e não a soberba dos sacerdotes (a menos que estejamos falando dos fundamentalistas). Além disso, e talvez nesse ponto eu não seja um observador neutro, o fervor e a ironia não são simetricamente comparáveis; somente o fervor é o bloco fundamental de nossa construção na literatura. A ironia é necessária, sim, mas vem depois, é «a revisora eterna», como a chamou Norwid, e lembra mais janelas e portas, sem as quais nossas edificações se transformariam em monumentos sólidos, e não em moradias. A ironia cava aberturas muito úteis nas paredes. Se, no entanto, não houvesse uma parede, teria que esburacar o nada.

Aprendemos a valorizar as coisas porque elas existem. Na era das ideologias insanas e do absurdo utópico, as coisas duravam em sua pequena, porém obstinada, dignidade. Não só: aprendemos a valorizar as coisas também porque tudo aquilo que a elas se refere é claro, bem definido, evidente. Não há nenhuma indefinição, nenhuma retórica, nenhum exagero. E pode ser que até Diotima, em *O banquete*, de Platão, daqui a pouco navegue em êxtase em direção ao *páthos* e, quem sabe, nos envergonharemos dela. Será que nossos teólogos não abandonaram de bom grado as margens sensatas, os territórios onde ainda podemos acompanhá-los? Será que nossos poetas românticos não foram longe demais?

Na verdade, o aluno ou a aluna que tentam diminuir o sentido tanto do discurso de Diotima quanto da estrofe de abertura de «Pão e vinho» defendem-se do *páthos* como se temessem a força destruidora das experiências extáticas; empurra-os aquela voz irônica do ponto do teatro, a voz da nossa época cética. Mas, dessa maneira, aquele maravilhoso *va-et-vient*, simultaneamente arcaico e sempre atual, entre a finitude e a infinitude, entre o empirismo sensato e o assombro com aquilo que é invisível, entre o concreto de nossa vida e a divindade, permanece detido em sua fase inferior, não apenas pelos estudantes, mas pela maioria daqueles que se expressam por meios impressos e pela internet, por nossos legisladores espirituais (talvez melhor: mentais), por nossos líderes culturais e por nossos atuais *bien-pensants*.

A incerteza não é o oposto do fervor. Se a tensão do *metaxy* no qual vivemos se mantém, a incerteza (que não é dúvida!) nunca será um corpo estranho, já que nossa presença aqui e nossa fé nunca vão obter uma sanção absoluta e permanente, embora a desejemos com todas as forças. Em contrapartida, a ironia é a anulação da incerteza; a ironia, quando ocupa o lugar central no modo de pensar de alguém, é uma variante bastante perversa da certeza. É claro que podemos encontrar dezenas e variadas aplicações da ironia; na poesia de Zbigniew Herbert, por exemplo, que conheço bem, a ironia se refere quase sempre à pessoa que enuncia os julgamentos, buscando a verdade ou o direito (do grego *Nomos*) e muitas vezes toma a forma da autoironia – aquele que busca a verdade olha para si com ceticismo («guarda-te no entanto do orgulho desnecessário/ contempla no espelho a tua face de bufão») –, mas não se refere à própria verdade ou ao próprio direito, como costuma acontecer com os autores contemporâneos, que só em raras ocasiões duvidam de si mesmos, mas de bom grado duvidam de tudo o mais.

Contudo é preciso lembrar que em tempos difíceis o movimento em direção ao «belo» se desenvolve algumas vezes a partir da consciência impura, de uma situação moralmente suspeita. *Das brennende Paris, ein herrlicher Anblick!* [«Paris ardendo em chamas, uma vista magnífica!»] – W. G. Sebald escarnece do enlevo do capitão Ernst Jünger diante do incêndio de Paris. Em outro lugar desse mesmo ensaio implacável («O escritor Alfred Andersch»), Sebald escreve: «Em

Kirschen der Freiheit» – a autobiografia de Alfred Andersch – «ele fala dos domingos e feriados de fuga para o campo da estética, que lhe permitiam 'celebrar no brilho das transparências de Tiepolo a redescoberta da própria alma perdida'».

Fuga para a estética! Não conheço bem os livros de Alfred Andersch, escritor que na juventude se ligou ao Terceiro Reich, mas acho que Sebald pode ter razão. (Provavelmente uma parte – mas não a totalidade! – da obra de Jünger está sujeita a essa avaliação.) Sebald, diga-se de passagem, não cita esta outra frase sintomática de Andersch: «Minha resposta para o Estado totalitário foi uma total introversão».

Todo aquele que reflete sobre a literatura contemporânea deveria se dar conta de que um dos caminhos que levam ao cume platônico é o caminho da hipocrisia. Ao mesmo tempo, não podemos deixar de perceber que existem também outros caminhos que podem estar livres dela, e que a hipocrisia da qual Sebald acusa Andersch é uma enfermidade que ocorre provavelmente apenas nos sistemas totalitários, e, portanto, um fenômeno muito particular, ignorado por australianos e esquimós – e também pela poeta britânica Kathleen Raine, já citada. Talvez a atual geração nada saberá sobre ele. A beleza no totalitarismo é uma questão à parte; é ao mesmo tempo Mandelstam, em Voronej, saudoso de Schubert e Ariosto, e Jarosław Iwaszkiewicz, em Podkowa Leśna, autor de belos poemas e um político oportunista e radical. É também uma estrofe de Dante em Auschwitz, sobre a qual escreveu Primo Levi. E Wat, escutando Bach no telhado da prisão em Łubianka. Parece então que podemos formular pelo menos uma correção fundamental: a expedição «para o cume» deveria ser empreendida num estado de integridade interior.

E o senso de humor? Será que ele pode conviver com o fervor? E. M. Cioran escreveu em seu diário, só publicado postumamente: «Simone Weil não tem senso de humor. Todavia, se o tivesse, não teria feito progressos tão grandes na vida espiritual, já que o senso de humor nos distrai da experiência do absoluto. O misticismo e o humor não se toleram». Porém, logo depois, a nota seguinte no *Cahiers* matiza essa observação; Cioran deve ter percebido que seu comentário era apenas uma meia verdade e decidiu precisá-lo: «Digamos que a santidade pode conviver com momentos de humor e até de ironia. Se, entretanto, tiver de perdurar, não poderá tolerar a ironia sistemática...».

Porque, na verdade, é perfeitamente possível imaginar Mestre Eckhart rindo, morrendo de rir. Penso não haver nenhuma contradição fundamental entre o humor e a experiência mística; ambos nos distraem da realidade imediata. Afinal, tanto num ataque de riso quanto num súbito impulso de devoção erguemos a cabeça para o alto!

Paul Claudel, em seu ensaio sobre a poesia de Arthur Rimbaud, publicado na *Nouvelle Revue Française* em 1912, pontificou: «Arthur Rimbaud era um místico em estado selvagem...». Essa bela e famosa afirmação poderia se referir a todos os poetas que buscam apaixonadamente a verdade oculta. E tem mais: ela também pode ser aplicada aos místicos. Será possível imaginar um místico domesticado, um místico amansado, um místico com um emprego em tempo integral? Um poeta satisfeito com suas caçadas? Infelizmente, sabemos pela experiência que é fácil encontrar bardos e teólogos satisfeitos consigo mesmos. E, no entanto, apenas em «estado selvagem» é possível empreender a busca... O próprio Claudel é um exemplo disso. Suas *Cinco grandes odes* apresentam maravilhosos fragmentos «selvagens», porém muitos de seus poemas religiosos posteriores caracterizam-se por uma «domesticação» levada longe demais.

«De fato, tivemos que cometer crimes que atraíram maldições sobre nós, porque perdemos toda a poesia do universo», diz Simone Weil. E alguém pode acrescentar: pode ser, mas em troca ganhamos outra coisa, ganhamos a sensibilidade para os infortúnios que afetam tanto aos próximos quanto a nós mesmos, libertamo-nos da indiferença que muitas vezes acomete os adeptos da poesia. E mais: tornamo-nos observadores atentos e críticos da realidade social. Não vou negar que a atitude crítica (se a apartarmos do dogmatismo metafísico de Marx) seja muitíssimo importante e, se prego a necessidade de outra busca, não gostaria de ser visto como alguém que repudia a crítica social em nome de preocupações religiosas. Por fim, os ex-dissidentes do Leste Europeu provavelmente nunca esquecerão, mesmo que seus interesses evoluam, o peso que tem uma crítica honesta e corajosa do mundo social. Só se fossem muito idiotas para esquecer isso...

Mas o que é a poesia?

Ao folhear os catálogos das grandes bibliotecas, podem-se encontrar muitos títulos referentes à «defesa da poesia». É praticamente um gênero literário particular que tem sua própria tradição honorável (tanto Philip Sydney quanto Shelley e o já citado Benedetto Croce encontram-se entre seus clássicos); é ao mesmo tempo um gênero desesperado, que traz consigo um quê de desilusão. Os títulos que nos convencem da «necessidade da poesia», de sua vitalidade, de seu caráter indispensável, soam quase como uma capitulação. Se toda essa persuasão se faz necessária... Mais facilmente ainda podem nos convencer autores como Joseph Brodsky, que defende a poesia com imensa paixão – e uma arrogância admirável! – e com sucesso empurra o oponente para uma defensiva desesperada (infelizmente, em geral o oponente nem sabe que está nocauteado; afinal, as defesas da poesia são lidas apenas por seus amigos).

Felizmente não sabemos com exatidão o que é a poesia e não precisamos de maneira alguma saber de modo analítico; nenhuma definição (e elas são muitas) consegue formalizar esse elemento. Eu tampouco tenho ambições de defini-la. Mas não deixa de ser tentador vislumbrar a poesia em seu movimento «entre» – como um dos veículos mais importantes que nos transportam para o alto e um modo de compreender que o fervor antecede a ironia. O fervor: o canto ardente do mundo, ao qual respondemos com nosso próprio canto imperfeito.

Precisamos da poesia tanto quanto precisamos do belo (embora na Europa pareçam existir países em que essa palavra está absolutamente proibida). O belo não é para os estetas, o belo é para todos que procuram um caminho sério; é um apelo, uma promessa, talvez não de felicidade, como queria Stendhal, mas uma grande e interminável jornada.

***

«De fato, tivemos de cometer crimes que atraíram maldições sobre nós, porque perdemos toda a poesia do universo» – mas não só perdemos toda a poesia do universo (e nós a perdemos ainda mais a cada dia; aliás, de acordo com a lógica, isso prova que ainda não a perdemos de todo, que estamos vivendo, já há algum tempo, como que num estado de perda permanente, assim como alguns países prosperam sempre aumentando sua dívida no comércio exterior), mas também experimentamos essa estranhíssima dicotomia da sensibilidade, que Thomas Mann apresentou com tanta precisão em *A montanha mágica*. A poesia universal dividiu-se – exatamente como uma célula examinada por um cientista contemporâneo, especialista em biologia molecular – no demoníaco sussurro de Naphta e no discurso humanitário de Settembrini.

Thomas Mann não criou essa divisão: ele a diagnosticou muito acuradamente.

Eis o infortúnio de nossos tempos: aqueles que não se equivocam estão equivocados, enquanto aqueles que se equivocam têm razão. Tanto Ernst Jünger, em algumas observações sobre o conceito de «substância», quanto T.S. Eliot, nos fragmentos de *Notas para a definição de cultura*, e muitos outros autores conservadores talvez não se enganem «ontologicamente» quando analisam a situação do homem na modernidade, mas se perdem completamente na história do século XX, não conseguem perceber os benefícios fenomenais (e tão frágeis) da democracia liberal; aqueles que, por outro lado, analisam com agudeza nossos problemas políticos e reagem à injustiça são, com frequência, completamente desamparados no plano espiritual. Talvez pudéssemos evocar a brilhante observação de Charles Taylor em *As fontes do self*: em nossa época, os valores do Iluminismo triunfam nas instituições públicas, ao menos no mundo ocidental. No entanto, na vida privada, abandonamo-nos à insaciabilidade romântica. Concordamos com a racionalidade sempre que entram em jogo decisões públicas, sociais e interesses coletivos, mas em casa, na solidão, continuamos procurando o absoluto, e em público não abraçamos o que aceitamos.

Nossa estranhíssima dicotomia poderia ser assim resumida: uma esquerda antimetafísica porém confiável e liberal (ou talvez, melhor dizendo, o «centro»), e uma direita potencialmente perigosa mas conhecedora da importância da vida espiritual.

Não será verdade que ainda estamos lidando com as personagens de *A montanha mágica*, com o arquissimpático Settembrini, que agora atua como convidado no noticiário da TV ou escreve como comentarista permanente em um dos grandes jornais, defendendo os valores humanísticos e a democracia? Nós o escutamos com interesse, lemos seus artigos, mas às vezes suspeitamos de certa superficialidade. E o demoníaco Naphta, do qual não gostamos muito, será que ele às vezes não nos surpreende com intuições extraordinárias em relação ao mundo da cultura? É difícil ver Naphta na televisão; ele publica suas polêmicas num daqueles periódicos trimestrais de baixa tiragem, cuja existência é ignorada pela feliz maioria dos comuns mortais.

Quando as eleições parlamentares se aproximam, instintivamente nos agarramos a Settembrini, porque sentimos que, mesmo com todo o seu desalinho, ele vai saber nos indicar o partido apropriado, que talvez não nos salve (embora no dia das eleições a salvação não seja o tema!), mas também não vai nos decepcionar e não vai nos conduzir ao abismo, em direção a uma solução política sombria e extrema.

No entanto, depois que a febre eleitoral passar, quando for reinstalada a paisagem respeitável da civilização moderna, será que não vamos nos cansar um pouco de Settembrini? Será que ele não nos causará tédio, será que não sentiremos saudades do interessante senhor Naphta? Será que não vamos querer conversar com Naphta – que sabe muito bem como conversar! – sobre nossa angústia metafísica? Será que suas reflexões sobre a unidade fundamental do mundo não nos fascinarão? Perdoaremos seu duvidoso senso de humor, sua inabilidade, desde que queira uma vez mais desencadear esse pungente calafrio filosófico de que às vezes necessitamos, e que nosso simpático e honrado Settembrini não consegue nos oferecer.

Outro exemplo: na antologia do ensaio alemão organizada por Ludwig Rohner, publicada há muitos anos, deparei-me com um artigo de Ludwig Curtius (não confundi-lo com E. R. Curtius, excelente crítico e historiador da literatura), chamado «Begegnung beim Apollo von Belvedere» [Encontro junto ao Apolo do Belvedere], de 1947. Nesse ensaio, Ludwig Curtius fala de um encontro (verdadeiro ou talvez apenas imaginário) com um arquiteto alemão, um jovem veterano de guerra que por milagre – como soldado incorporado à Wehrmacht e mandado para várias frentes de batalhas – salvou-se da carnificina da última guerra. Cansado do horror dos recentes acontecimentos, o arquiteto passa três noites com o autor do ensaio e enuncia três palestras extraordinárias. O ponto de partida é a estátua do Apolo do Belvedere, outrora admirada por Winckelmann e Goethe, e que depois, quando se descobriu ser apenas uma cópia romana, como tantas outras, teve sua reputação chamuscada por profissionais da história da arte. O jovem arquiteto, entretanto, conserva-se fiel ao Apolo do Belvedere e nele encontra uma característica rara. Chama-a de «dignidade» e diz que ela faz falta a muitas obras de arte modernas. No dia seguinte fala sobre o sentido da «proporção» na avaliação e, ainda mais importante, sobre a experiência da avaliação de obras de arquitetura. E, por fim, no terceiro dia, fala com paixão sobre o «mistério» presente em grandes obras, nelas oculto como a semente na maçã.

As palestras, que ouvimos num resumo que nos ofereceu Ludwig Curtius, são muito belas.

No quarto dia, aquele arquiteto brilhante e sério parte de navio para a Argentina. Para sempre. É justamente isso que faz com que o leitor não saiba ao certo se está lidando com uma figura mais alegórica do que concreta. Pois é perfeitamente possível interpretar esse texto como uma despedida do elemento metafísico na cultura alemã. O autor do ensaio, bem mais velho e mais experiente, deslumbrado com a inteligência de seu jovem interlocutor, despede-se na pessoa dele do futuro simbólico da inteligência alemã.

Diante disso, ficamos torcendo para que, se a pessoa do jovem arquiteto não for feita de material alegórico, ele não seja alguém com razões consideráveis para, na Argentina, se esconder dos tribunais aliados do pós-guerra (tudo isso, lembramos, acontece em Roma, que, como sabemos, não gozou da melhor das reputações nos anos seguintes à guerra).

Esta última dúvida é sintomática – mas também quase automática. O fervor, a seriedade metafísica, as arriscadas declarações de opiniões fortes são hoje suspeitas; são postas de imediato no banco dos réus, não é necessária nem uma longa e escrupulosa investigação. No entanto, devo admitir que, nesse caso, a suspeita sobre o passado militar do jovem arquiteto também me ocorreu.

Contudo uma pergunta mais geral soa de outro modo: será que essa dicotomia da alma, esse deslocamento dos signos, essa divisão que constantemente nos acompanha – entre Settembrini, que ama o Iluminismo, e Naphta, que prefere a Idade Média (ou o romantismo) –, essa dicotomia que determina que todo aquele que experimenta um desejo religioso intenso é quase automaticamente suspeito de «direitismo», será que esta doença da modernidade é curável ou vai durar para sempre?

Pois nem todos os escritores modernos parecem sucumbir às regras dessa dicotomia. Simone Weil com certeza não precisaria temer o exame das categorias binárias de *A montanha mágica*. Tomemos também a obra poética e intelectualmente rica de Czesław

Miłosz; uma de suas características marcantes é justamente o desprezo pela aritmética das fáceis classificações ideológicas. Miłosz – autor, entre outros, de *Ziemi Ulro* [A terra de Ulro], ensaio cujo título foi tomado da mitologia particular de William Blake, que acusa nossa época de total indiferença a respeito da problemática metafísica, constatando com tristeza o vagoroso falecimento da imaginação religiosa – certamente não se deixa qualificar como escritor «reacionário», como seguidor de Naphta. Afinal, é também autor do livro *Zniewolony umysł* [Mente cativa], até hoje lido com paixão em todos os países onde a inteligência pode apenas sonhar com o Estado de Direito (ultimamente, pelo que ouvi, estudam-no os intelectuais de Cuba). Miłosz escreveu tanto *Zniewolony umysł* quanto *Ziemi Ulro*; leitores atentos desses dois livros tão diferentes provavelmente nunca seriam capazes de encontrar neles uma linguagem em comum; eles pertencem a duas partições intelectuais que não dialogam. Miłosz, todavia, consegue conciliar o interesse ativo pela civilização liberal (muitas vezes expresso em intervenções jornalísticas) com uma forte nostalgia metafísica.

A propósito, ouçamos:

Tenho os olhos ainda fechados.
    [Não me persiga
Fogo, poder, força, pois é muito cedo.
Vivi muitos anos e como neste sonho
Sentia que alcançava a fronteira movente
Atrás da qual se realizam a cor e o som

E unidas estão as coisas desta terra.
Não me abra ainda a boca à força,
Permita-me confiar, crer que alcançarei,
Deixe-me parar em Mittelbergheim.

Eu sei que deveria. Comigo estão
O outono e as rodas de madeira e as folhas
De tabaco sob o beiral. Aqui e em toda parte
É a minha terra, para onde quer
    [que me volte
E qualquer que seja a língua em que eu ouça
A cantiga infantil, a conversa dos amantes.
Mais feliz que os outros devo tomar
Um olhar, um sorriso, uma estrela,
    [a seda dobrada
Na linha dos joelhos. Sereno, contemplativo,
Devo ir para as montanhas, na suave
    [claridade do dia
Para as águas, cidades, estradas, costumes.

Fogo, poder, força, você que me
Segura dentro da mão cujas linhas
São como imensas ravinas penteadas
Pelo vento do meio-dia.
    [Você que dá confiança
Na hora do medo, na semana da dúvida,
É muito cedo ainda, deixe que
    [o vinho amadureça,
Deixe que os viajantes durmam
    [em Mittelbergheim.

Esse é um fragmento do poema «Mit-
telbergheim», escrito por Miłosz em 1951,
quando – sabemos disso pelos comentários

do autor – o atormentavam problemas ideológicos e políticos da metade do século XX; os ataques da comunidade dos emigrantes que fustigavam o poeta, o qual, depois de alguns anos no serviço diplomático comunista, «escolhera a liberdade», levaram-no ao desespero extremo, à dúvida na poesia. A alsaciana Mittelbergheim, vilarejo ou cidadezinha para a qual o convidaram os amigos (o nome da localidade – que feliz coincidência onomástica! – contém em si a palavra «montanha» e refere-se também a «meio» e a «casa»), ofereceu-lhe a possibilidade do renascimento interior, permitiu-lhe uma experiência cósmica, uma experiência de «algo diferente», difícil de perceber em Paris, uma cidade enorme, saturada de ideologia, sobretudo nos anos 1940 e 1950, como uma esponja com água e espuma de sabão: a experiência da natureza, do mundo, do fogo.

A cidadezinha alsaciana abriu para o poeta uma dimensão que ultrapassava as disputas ideológicas típicas de meados do século XX; uma localidade alsaciana ou simplesmente o mundo arcaico e moderno ao mesmo tempo, mundo das montanhas, dos vinhedos e dos espessos muros das residências rurais.

Por quase toda a obra de Miłosz, não apenas no poema citado, encontramos a constante viagem entre as ideias e a transcendência, entre a necessidade de honestidade e a clareza na vida coletiva, a necessidade do bem, sem abrir mão, por outro lado, da nostalgia por algo maior, pela epifania, pelo êxtase no qual se descortina o sentido mais elevado (nunca até o fim, nunca de maneira completamente clara). A excepcional capacidade de Miłosz de suportar grandes pressões, de transportar-se do território social para o âmbito metafísico, deu-lhe uma energia poética imensa, rara nos dias de hoje, proveniente de seu sucesso em transformar a condição de *metaxy* na peregrinação vivificante, na ocupação própria de um escritor fundista.

Lembrado com interesse pelos discípulos de Nietzsche, o mito ctônico de Anteu, que recupera suas forças apenas quando toca a terra, poderia servir aqui como ponto de partida para uma nova fórmula; em sua poesia, Miłosz revisitou o mito de Anteu, propôs um personagem Anteu que recupera sua força pelo contato com a terra, mas também pelo contato com o céu.

Essa feliz natureza bifronte do talento poético (e ensaístico) de Miłosz, seu consciencioso exame da verdade da vida coletiva e da verdade mais elevada do êxtase permitiram-lhe criar uma obra diante da qual tanto Naphta quando Settembrini devem se deter – não apenas com o maior respeito, mas também com o mais profundo interesse. Talvez, então, o verdadeiro fervor não divida, mas una. E nem leve ao fanatismo, nem ao fundamentalismo. Talvez algum dia o fervor volte a nossas livrarias, a nossas mentes.

Considerações sobre o estilo elevado

Il n'est pas de poésie sans hauteur...
Philippe Jaccottet

Quando falamos de coisas mais gerais que, por exemplo, a vista que temos de nossa janela (um galho de cerejeira e, atrás dele, o céu nublado do fim de tarde), imediatamente corremos o risco de sermos acusados de arbitrariedade. É possível dizer o que se diz de tal modo, mas – o crítico vai zombar de nós – por que não dizê-lo de outra maneira? No âmbito dos juízos generalizantes impera uma baderna semelhante ao caos dos quartéis recém-abandonados pelo regimento que marchou para as manobras outonais.

Sou particularmente sensível a essa acusação; não há nada que mais amedronte o poeta que a acusação de arbitrariedade. Pois a poesia tem a ver com precisão e concretude, as palavras ali se justificam, não por observações empíricas e quantificáveis, como gostaria Rudolf Carnap, mas pela prontidão existencial, pela experiência, por nossa vida, pela reflexão ou por um momento de revelação; mas elas *são* justificáveis, não ocorrem ao acaso; somente professores de física toscos, que de noite entornam muita cerveja, poderiam pensar que um poema é o reino da mais absoluta aleatoriedade.

Entretanto, se a pessoa que trabalha sozinha na área específica do domínio da poesia arriscar meter-se no terreno dos juízos generalizantes – como um carpinteiro a quem se pedisse uma palestra sobre os problemas da economia florestal da Europa –, ela deverá cobrir a testa, respirar fundo e, com passo resoluto e ligeiro, atravessar o terreno minado. Ora, parece-me que nossa produção espiritual contemporânea sofre de certo gris, de debilidade e pequenez. Na produção de anos recentes – e me refiro mais à poesia, que sigo mais de perto –, evidencia-se uma desproporção entre o estilo elevado e o estilo baixo, entre a expressão poderosa da espiritualidade e a tagarelice interminável de literatos satisfeitos consigo mesmos; tenho a impressão de que lidamos aqui com um tipo de apaziguamento covarde, uma política de evasões e concessões no que concerne à vocação da literatura. E parece-me também que um dos principais sintomas dessa debilidade é o desaparecimento do estilo elevado e o imenso reinado do estilo baixo, coloquial, morno e irônico.

De antemão ressalto que não vou me pronunciar como um conservador que quer persuadi-los a um retorno à Idade Média cristã ou à Renascença, nem ao menos ao Romantismo europeu; tampouco vou lamentar o desaparecimento de talentos, já que talentos não faltam. Quero apenas apresentar a situação como a vejo – arriscando a cada momento cometer uma gafe, ofender os socialistas ou os desportistas, os filatelistas ou os amantes do Iluminismo e dos asseados conjuntos habitacionais. Não se trata de diagnose; os diagnósticos são feitos quando se é muito jovem e ambicioso, depois chega o tempo da meditação e, no máximo, da inquietude por vezes acompanhada de algo parecido com uma gargalhada.

Como isso começou? Será que sabemos? Algumas vezes, inesperadamente, podemos descobrir como as coisas eram antes, como se chegou à mutação da literatura europeia. Na excelente autobiografia de Robert Graves, *Goodbye to All That* [Adeus a tudo aquilo], encontramos a descrição de um encontro com Siegfried Sassoon, outro poeta muito conhecido:

Na ocasião, Siegfried Sassoon havia publicado algumas epopeias pastoris às suas próprias custas, embebidas da estética dos anos 1890 [...] Fomos à confeitaria saborear um mil-folhas. Naquela época, eu preparava para publicação meu primeiro livro de poemas, *Over the Brazier* [Acima do braseiro]. Tinha um ou dois poemas em meu caderno de notas e os mostrei a Siegfried. Ele torceu o nariz e disse que não se deveria escrever sobre a guerra de maneira tão realista. Em contrapartida, mostrou-me algumas de suas criações. Uma delas começava assim: *Voltem para mim, cores da minha alegria, / Mas não na funérea púrpura dos tombados.*

Siegfried ainda não havia experimentado a vida nas trincheiras. Eu, soldado já experiente, disse-lhe que em breve ele começaria a escrever de outro modo.

As trincheiras da Primeira Guerra contribuíram para uma mudança de estilo – provavelmente necessária naquele momento – e empurraram os escritores rumo ao realismo indignado. Teriam também colaborado para uma evolução gradual da natureza humana? A geração de Robert Graves teve muitas contas a acertar com a grandiloquência da era vitoriana e com a eloquência intensa e ávida por palavras elevadas de um Gabriele d'Annunzio, na Itália. O estupendo Eugenio Montale construiu sua poética opondo-se à afetação de poetas como D'Annunzio. Antes de tudo, porém, os poetas da geração de Graves odiavam o estilo histérico dos jornalistas e dos generais. Graves escreveu que, nos primeiros meses depois de seu retorno da linha de frente, mal tolerava a sintaxe demasiadamente patriótica dos jornalistas; ele também se refere à carta escrita pela «mãezinha» (*little mother*) para convencer outras mães britânicas de que deveriam se alegrar pela morte heroica de seus filhos! Ele, que conheceu o horror da guerra, a vida com as ratazanas nas trincheiras, as expedições para *no man's land*, onde apodreciam os cadáveres insepultos de alemães e ingleses, era agora obrigado a confrontar os pronunciamentos do chauvinismo britânico. Durante a guerra, são os generais –

e suas esposas – que utilizam o estilo elevado, que serve naturalmente à propaganda.

Nas trincheiras da Grande Guerra e nos campos de concentração da Segunda Guerra Mundial, o ser humano viu coisas que não deveria ter visto; coisas que, em tempos mais tranquilos, sofrem apenas uns poucos infelizes que ficam cara a cara com o assassino. É provavelmente impossível criar uma arte que corresponda ao terror dessas experiências extremas de forma consequente e constante, que «permaneça à altura» dos momentos mais baixos da história mais recente. Essas experiências radicais acabam inevitavelmente por levar à rejeição das sonatas de Mozart e dos poemas de Keats; sempre acharemos alguém que dirá que literatura é apenas literatura e que música é apenas música; e ele, sofrido como Jó (ou apenas um estudante pretensioso de uma universidade de elite), terá razão. É apenas poesia, é apenas música. É o melhor que temos.

Na poesia polonesa, uma virada semelhante – da sintaxe complexa, das comparações aveludadas, do acúmulo barroco de figuras de retórica, para uma extraordinária e radical simplicidade de expressão – foi realizada pelo jovem Tadeusz Różewicz, poeta que não veio das trincheiras, mas das florestas que misericordiosamente escondiam as tropas dos *partyzanci* durante a Segunda Guerra.

É claro que a simplificação do estilo – frequentemente bem-sucedida, abrindo novas perspectivas estéticas – realizou-se sob a influência de muitos fatores; o impacto da modernidade foi sentido em todos os campos da arte, não apenas na poesia. A grande invasão da crítica social decorrente do Iluminismo, acompanhada da «rebelião das massas», como a chamou Ortega y Gasset, e somada ao desapontamento do poeta romântico, que não conseguiu convencer as massas de sua visão (o francês Paul Bénichou, historiador da literatura, analisa esse fenômeno de modo notável), instilaram seu humor sardônico também na poesia. Louis MacNeice disse certa vez que Auden conseguia *put the soul across in telegrams* [transmitir a alma em telegramas]; Auden e alguns outros eram capazes disso, porém não faltam poetas que foram quase que fatalmente paralisados por esses meios de expressão econômicos: suas almas transformaram-se em formulários de telegrama.

O problema da grande simplicidade – com a qual sonham todos que buscam a verdade e não só a beleza – consiste em que seu efeito revigorante só seja obtido pelo contraste com as formas complexas, barrocas, e por isso ela não pode ser duradoura – o que importa é o momento de transformação, o contraste. É semelhante a uma cirurgia que supostamente não deve durar demais, a não ser que se esqueça do paciente. Tadeusz Różewicz continua a ser um poeta extraordinário, mas hoje é cada vez mais rara aquela simplicidade quase aterradora de seus poemas anteriores.

Paradoxalmente, a purificação e a simplificação da estética sob a influência do horror levam, numa perspectiva de longo prazo, a formas estéticas incapazes de expressar o horror (aliás, nem Miłosz, que sobreviveu ao terror nazista, nem Mandelstam, que não sobreviveu ao pesadelo stalinista, sucumbiram à tentação da falsa simplicidade).

Dou outro exemplo. Meu amigo Tzvetan Todorov, com quem muitas vezes concordo e algumas vezes discuto, publicou há alguns anos o ensaio *Elogio do cotidiano*, um comentário sobre várias obras do período de ouro da pintura holandesa. Todorov com razão admira os mestres holandeses, graças aos quais (seguindo Neruda, citado por Seamus Heaney) «a realidade do mundo não vai ser subestimada». A realidade do mundo: a poesia dos interiores obscuros, as naturezas-mortas que revelam a delicada vida dos objetos, os quadros nos quais se confere a cebolas e alhos-porós a dignidade da seda real, os retratos de homens e mulheres que não eram reis, nem príncipes, e no entanto mereciam uma representação plena de afeto. Ah, como compreendemos a sensibilidade desses pintores! Nós, que tememos que a realidade se dissolva sob nossos dedos; nós, para quem até o cinema, ao contrário dos elétrons vibrantes da televisão, já tem algo de agradavelmente antiquado, pois às vezes é capaz de nos mostrar tanto as pessoas quanto os objetos em sua presença absoluta e diáfana.

As ambições do elegante ensaio de Todorov, contudo, extrapolam o tratamento filosófico da história da arte; o texto tem um valor normativo, programático. Trata-se da determinação da esfera existencial, e da esfera estética a ela correspondente, da qual seriam excluídos certos componentes do mundo. *Elogio do cotidiano* é um programa de vida e arte, um programa antimetafísico. Trata-se de conferir ao cotidiano uma condição ontológica especial. E também de se apaixonar pelo cotidiano, de não ignorá-lo, de saber apreciá-lo e de não derivar para o sonho, a utopia ou a nostalgia. Trata-se de viver o momento presente, de se situar na realidade. Mas a que preço? Eis o que diz Todorov:

> A pintura de gênero não apenas renuncia às representações dos acontecimentos históricos, como também estabelece uma seleção bastante rigorosa da essência dos elementos constitutivos da vida humana. Renuncia à representação de tudo aquilo que ultrapassa o ordinário e que permanece inacessível para a maioria das pessoas comuns; nela não há lugar para heróis ou santos. Os pintores holandeses, como supôs Karel Čapek ao visitar a Holanda, pintavam sentados.

É justamente contra esse corte que me rebelo, a redução da realidade, a instauração do estreitamento da vida humana – e da arte! Um estreitamento no qual não há lugar para o herói nem para o santo. Não que eu quisesse pregar o heroísmo ou escrever sobre a vida dos santos; o que quero dizer é que, no plano estético, o equivalente do «herói» e do «santo» é o encontro com o sublime. Um encontro que nunca é exclusivo, mas que permanece imprescindível para a arte (somos tão cascas-grossas hoje que talvez nem suportássemos um poema que fosse apenas a antena do sublime, que ao mesmo tempo não nos fizesse rir nem nos encabulasse). Apesar de tudo, quão pouco estamos distantes de Longino, o autor da clássica dissertação sobre o sublime no primeiro século de nossa era. A enciclopédia literária nos lembra que o sublime não é uma característica formal da obra de arte, não se deixa definir em categorias retóricas; está mais para uma «centelha que salta da alma do escritor para a alma do leitor». Será que isso mudou tanto assim? Será que ainda não estamos esperando avidamente por essa centelha?

Pois não esperamos da poesia nem sarcasmo, nem ironia, nem distanciamento crítico, nem douta dialética, nem um gracejo inteligente (respeitáveis atributos mentais que desempenham perfeitamente seu papel quando se encontram em lugar apropriado, num tratado erudito, num ensaio ou em artigo publicado num jornal redigido pela oposição). Esperamos a visão, o fogo e a chama que acompanham as descobertas espirituais. Em outras palavras, da poesia nós esperamos poesia.

O gesto de Todorov é perigoso porque retalha aquele rico tecido da realidade que herdamos das gerações passadas – e que deveríamos transmitir intacto para as próximas gerações –, um tecido no qual há lugar para o heroísmo, a santidade, a loucura, a tragédia, a sapiência e também, é claro, para o riso e a vida de todo dia, já que, verdade seja dita, a vida de todo dia é linda. Mas ela é linda também porque nela sentimos o estremecimento silencioso de possíveis acontecimentos heroicos, incomuns ou intrigantes. O cotidiano é como a superfície de um rio calmo de planície, na qual se desenham correntes e redemoinhos delicados, um prenúncio de dramas e inundações que talvez nunca se realizem, ou que hão de se realizar bem mais tarde. Os relâmpagos mudos no céu não nos inquietam no momento – são sinais de tempestades distantes. Mas um dia essas tempestades chegarão. A noção de cotidiano da qual se expurga a possibilidade de heroísmo ou santidade – aquele estremecimento de uma tragicidade ainda distante – é trivial e tediosa. Nela tampouco se encontra a verdade existencial, e ela não pode ser a base ontológica de uma estética convincente. Espero não ter sido tomado «pela venerável mania da tragicidade», sobre a qual certa vez escreveu Karol Irzykowski, porém a total amputação do sublime deve conduzir a um cenário no qual podem existir computadores que jogam xadrez, mas não pessoas vivas e mortais.

Todorov termina um dos capítulos de seu ensaio com a descrição de um quadro de Pieter de Hooch, *Mãe com os filhos*, que se encontra em Berlim. No segundo plano do quadro vemos uma mennininha que olha para o mundo:

A menininha nada vê; deslumbrada e arrancada da realidade, volta os olhos para o mundo exterior. Pressente de leve todo o continente da vida, o cosmos infinito. Ela está vendo a luz.

Nesse fragmento, um dos meus favoritos, vislumbra-se um modo de rever o programa restrito de Todorov, que por enquanto não acontece. Esse mundo infinito que se abre diante da menininha rechonchuda, justamente porque é infinito e misterioso (o quadro apenas sugere o «mundo»; pela porta entreaberta, no confortável interior burguês penetra a luz diurna, a luz de um país do Norte), deve incluir tanto o conhecido quanto o desconhecido, portanto, nem o heroísmo nem a santidade podem ser, a priori, dele removidos; da mesma forma não se pode remover da luz diurna os raios ultravioleta, nem da terra retirar os mortos. E é isso que Todorov quer fazer, ou coisa parecida — purificar o mundo, reduzi-lo.

Elogio do cotidiano é um texto brilhante, que me convenceu desde a primeira leitura, porém consiste num ensaio que ao mesmo tempo está marcado por certo tipo de «traição dos intelectuais». Sente-se nele um forte parentesco — forte demais, talvez? — com o humor de nossa época pouco heroica. Mas o intelectual de hoje deveria se abrir para aquilo que ultrapassa o horizonte dos não intelectuais; deveria pensar e julgar o mundo sem sucumbir à pressão do espírito de nosso tempo. «A filosofia é o juiz da época, no entanto, há algo de errado se ela quer ser sua voz», diz Rudolf Pannwitz, citado por Hofmannsthal em seu surpreendente *Livro dos amigos*.

É importante notar que hoje o sublime deve ser compreendido de outro modo; de seu conceito é preciso eliminar a pompa neoclássica, o cenário alpino, o exagero teatral – nos dias de hoje o sublime é, antes de tudo, a experiência do mistério do mundo, o arrepio metafísico, o grande assombro, o deslumbramento, a sensação de proximidade daquilo que é inefável (e, claro, todos esses arrepios precisam encontrar sua forma artística).

Mencionei a loucura entre os componentes da grande realidade, da qual somos depositários graças ao importante acaso de nosso nascimento. O excelente e pouco lembrado ensaísta italiano e emigrante político antifascista Nicola Chiaromonte, que era amigo de André Malraux e Albert Camus e que morreu em Roma, em janeiro de 1972, assim escreveu num ensaio sobre Shakespeare:

> No mundo de hoje, removeu-se a loucura por questões dogmáticas: nele só se dá voz à mais estrita racionalidade, assim o absurdo o invade de todos os lados e as reivindicações da loucura humana, que exige a parte que lhe cabe, transformam-se em rebelião amarga e paixão pela destruição.

É claro que existem muitos outros componentes dessa grande realidade. Seria possível listá-los todos? E é preciso?

Entre eles não estão apenas a escuridão e a tragédia, e a loucura, mas também a alegria. Há algum tempo, relendo os ensaios de Jerzy Stempowski – excelente ensaísta polonês que durante a segunda metade da vida viveu como um emigrante humilde na Suíça, em Berna, onde morreu em 1969 –, deparei-me com uma citação inesperada de Maupassant (inesperada porque quem haveria de suspeitar que naturalistas tivessem talento metafísico?!). Eu já devia conhecê-la, mas dessa vez ela me impressionou por sua força:

> De vez em quando experimento curtas, estranhas e intensas revelações da beleza; da beleza desconhecida, intangível, que mal se deixa perceber em certas palavras, paisagens, em certos matizes do mundo, em certos segundos. Não consigo descrevê-la nem transmiti-la, expressá-la ou retratá-la. Guardo-a para mim. Não tenho nenhuma outra razão para continuar vivendo, nenhum outro motivo…

«Curtas, estranhas e intensas revelações da beleza» – como poderíamos viver sem elas?! «Não consigo descrevê-la», diz Maupassant; e encontramos nessa relação alguma coisa conhecida e ao mesmo tempo extremamente difícil de transmitir. Existe nesses momentos uma coisa incompreensível, penetrante, simultaneamente «luxuosa» e absolutamente básica.

Orígenes acreditava que aqueles que já estivessem solidamente iniciados na substância religiosa vivessem num estado de espírito de alegria eterna, como se fosse sempre dia santo; apenas os noviços ainda necessitam um pouco do doping artificial dos dias santos oficiais da Igreja! Evidentemente, em nossos dias, nós não pertencemos aos iniciados; nossos dias santos duram apenas uns poucos segundos.

Essas revelações súbitas da beleza estão relacionadas de maneira muito peculiar àqueles momentos de maior tristeza, do luto mais profundo. Nenhum deles faz parte de nossos caprichos ou variações de humor, mas se referem a alguma coisa na realidade. Não sabemos muito bem a que se referem os segundos de beleza. É mais fácil adivinhar de onde provém o sofrimento.

Outro ingrediente de nossa realidade, se não quisermos ser reducionistas, é a mescla do duradouro e do transitório, do permanente e do impermanente. Assim como na enxada do operário de repente pode luzir um espelhinho de ouro em meio a minérios compactados na geologia entediante dos depósitos rotineiros e maçantes, em nossa existência cotidiana coexistem momentos mortais e imortais. Os primeiros são provavelmente em maior número – mas quem vai saber? Alguém já contou?

Não quero integrar as fileiras de poetas que proclamam a glória da poesia com tanta paixão que parecem negar as virtudes de todas as outras formas de comunicação. O grande e inesquecível Joseph Brodsky até falou que se alguém obedece ao código de trânsito é apenas porque já leu poesia; a estética, segundo ele, precederia a ética. No entanto, quando vejo filmes antigos, sinto emoção e tédio. Recentemente minha mulher e eu vimos o legendário *Cais das sombras*, de Marcel Carné, filmado em 1938 e acusado pela propaganda de Vichy de, ao desmoralizar os franceses, ter contribuído para a derrota de 1940! Filmes envelhecem bem mais rápido que outras formas de arte. O «olho do mundo» dominante num dado momento culmina no cinema: o modo de olhar, de andar, de filmar, a técnica no uso da câmera, a moda (nas roupas, na maquiagem, no jeito de sorrir, nos gestos, no tipo de maldade e de afeição); todas essas minúsculas «contemporaneidades» que mudam a cada oito ou dez anos, e que a poesia em geral não registra, ao contrário de uma novela realista, instalam-se permanentemente na obra cinematográfica e a levam a esmaecer como uma fotografia antiga. A poesia, é claro que apenas a poesia grande e excelente, pertence às artes que menos esmaecem.

Sei que essas ideias podem soar ridículas. Hollywood lança novos filmes a todo momento, novos *Titanics* que, ao contrário do original, navegam com êxito pelo oceano da tela, arrecadando milhões de dólares, e dos poetas nada se ouve (ou até menos que nada); entretanto, um deles se atreve a questionar a solidez temporal das criações da fábrica de sonhos!

O poeta – menos que nada! No ensaio «Der Dichter und seine Zelt» [O poeta e sua época], Hugo von Hofmannsthal comparou o poeta ao santo Aleixo Falconiere, da tradição medieval (e, com o passar do tempo, essa comparação parece cada vez mais acertada):

> Não seria ele semelhante àquele príncipe peregrino da velha lenda, ao qual ordenaram abandonar sua casa principesca, sua esposa e filhos, e partir para a Terra Santa? E ao voltar, antes mesmo de cruzar a soleira, ordenaram-lhe entrar em sua casa como um mendigo desconhecido e a morar onde os servos designassem. Estes lhe ordenam ficar sob a escadaria, onde à noite se abrigavam os cães. Ali ele vive, e vê sua esposa, irmãos e filhos subindo e descendo as escadas, e os ouve conversando sobre ele como se estivesse desaparecido ou até mesmo morto, e sente que estão de luto por ele. Foi-lhe ordenado, porém, não se deixar reconhecer, e ele vive incógnito em sua própria casa. [...] Mas ele está em posse de tudo aquilo que nunca é dado ao senhor da casa – pois por acaso o senhor possui a escuridão que preenche os corredores à noite? A insolência do cozinheiro, a presunção do cavalariço, o suspiro da mais humilde das serviçais? Ele, contudo, vivendo no escuro como um fantasma, possui tudo isso!

A poeta polonesa Kazimiera Iłłakowiczówna escreveu, não sei se em resposta a Hofmannsthal, se é que conhecia seu ensaio, um poema do ponto de vista da infeliz esposa de santo Aleixo, que não compreende o rigor da sentença divina, já que é ela a vítima do santo experimento – afinal, ao contrário do marido, que se deleita com a sombra da realidade, ela não possui nem dia nem noite, nem salões nem corredores escuros. Restam-lhe somente o desassossego e a tristeza. O monólogo proferido pela esposa infeliz do santo no poema de Iłłakowiczówna é um lamento da vida desperdiçada. Seria bom um dia ouvir semelhante lamento proferido pelo mundo moderno, apartado da poesia e deixado à mercê apenas – ou sobretudo – da propaganda e da internet.

Basta abrir o jornal e vemos como ele lida perfeitamente com a catalogação daquilo que logo desaparece (a menos que seja um dia excepcional, histórico: a libertação de Paris, a queda do muro de Berlim, a morte de Napoleão). Lemos atentamente as notícias e nos lembramos do nome do secretário da ONU naquele dia. Essas coisas mudam num átimo. O *politburo* de certo partido político totalitário não existe mais, e as crianças de hoje nunca poderão imaginar o sentido sinistro que tinha a palavra *politburo*, e como eram temidas suas «sessões», suas «decisões» e suas «condenações». Mas aquilo que permanece, onde está? Onde se escondem as coisas imortais?

Meninas de queixo erguido voltam
[da quadra de tênis.
A poeira d'água irisa-se sobre os
[gramados inclinados.
O sabiá em passinhos miúdos vem
[correndo e para.
Incandescem na luz os troncos
[dos eucaliptos.
Os carvalhos aperfeiçoam a sombra
[das folhas de maio.
Apenas isso. Apenas isso é digno
[de exaltação: o dia.

Czesław Miłosz, *Po ziemi naszej*
[Pela nossa terra]

As coisas perenes flutuam no ar mistu-
radas às que não vão durar; alguém precisa
separá-las.

Será que ainda conseguiremos escrever
como Hölderlin, como Norwid, Yeats, Rilke,
Mandelstam ou Miłosz? Escrever de modo
a se dirigir à totalidade do mundo, no qual
existe deidade e dor, desespero e alegria, e
não como um profissional que dominou à
perfeição uma especialidade e se interessa
apenas por uma única coisa, tanto faz se
língua, política ou flores de acácia? Como
um artista nanico, expert em um motivo só?
O que deveria ser estilo elevado hoje em
dia? Decerto não uma declaração hierática
de Claudel ou de Saint-John Perse, exce-
lentes poetas, mas infelizmente desprovidos
de senso de humor. Pois temo que o estilo
elevado desprovido de senso de humor – um

senso de humor cheio de compreensão sobre nosso mundo engraçado, cruel e imperfeito – possa se transformar num mausoléu gélido, talvez como aquelas pedreiras em Carrara, na Toscana, das quais retirou-se o mármore e restou apenas a brancura.

O estilo elevado provém do diálogo constante entre duas esferas: a esfera espiritual, cujos guardiões e criadores são os mortos, como Virgílio, na *Divina comédia*, e, do outro lado, a zona do eterno *praesens*, o nosso caminho, o momento único, a gaveta do tempo na qual nos coube viver. O estilo elevado é o mediador entre as almas do passado e o improviso da atualidade, entre Virgílio e os jovens que andam de skate ouvindo rock pelas calçadas planas das cidades da Europa Ocidental, entre o pobre e solitário Hölderlin e os turistas alemães embriagados que chamam uns pelos outros nas ruas estreitas de Lucca, entre o vertical e o horizontal.

O problema, no entanto, é que na verdade o estilo elevado não é um «mediador» por natureza, como Hermes na Grécia ou Thomas Mann no século xx. O estilo elevado nasce da resposta às coisas derradeiras, é a reação ao mistério, àquilo que é mais elevado. Como mediar entre aquilo que é elevado e aquilo que é raso? O resultado dessa negociação poderia ser somente a média aritmética, um tipo de nivelamento mediano, uma queda relativa de valores no mercado espiritual. Não, essa «mediação» precisa ser muito mais sutil, não é possível simplesmente procurar a média entre o alto e o baixo. O que chamei de mediação tem mais a ver com o desconforto diante da situação atual, com a localização, com a encarnação; e também com o senso de humor e a ironia, às vezes dolorosa – desde que sem escárnio. O escritor contemporâneo tem os pés afundados no mundinho bastante cômico e confortável da sociedade de consumo. Não apenas os pés; está afundado nesse mundinho até os joelhos, ou talvez até a cintura. E está infectado pelas paixões ridículas típicas desse mundo, desse meio.

Ao mesmo tempo, não apenas graças a leituras, mas também graças a momentos de solidão e experiências de vida que Freud (citemo-lo ao menos uma vez) chama «oceânicas», o escritor ocasionalmente alcança as regiões mais importantes do ser. Portanto, talvez se trate não tanto de mediação, mas de uma espécie de modéstia metafísica, de um humor (*anch'io sono consumatore*) relacionado à abertura para o que é de fato belo e sublime, mas sem usar túnicas antigas, como Stefan George e seu círculo de discípulos, que, imersos na vulgaridade do guilherminismo alemão, encenaram o teatro helênico em sótãos de prédios comuns.

O senso de humor também diz respeito à compreensão de que não conseguiremos mais pôr ordem no mundo; o estilo elevado, por sua vez, se caracteriza por tender a uma organização extrema da realidade. Continuamos buscando um estilo elevado – e necessitamos de sua presença –, mas já não cremos inteiramente que teremos sucesso num inventário exato do cosmos.

Forte em leituras, forte em pensamento, forte em experiência de vida, mas fraco em sua condição e afundado na atualidade como aqueles personagens dos poemas de Seamus Heaney, múmias retiradas de antigas turfeiras; fraco também, como todos os contemporâneos, em seu psiquismo sitiado pelos teóricos, em seu estado de «homem sem qualidades»; o escritor em busca do estilo elevado não deixa de ser um *everyman*. Fraco como todos, por vezes se rendendo à televisão descerebrada e ao cinema americano, conhecedor do tédio das autoestradas e das multidões em férias. Talvez seja forte apenas em sua ambição inextinguível de buscar algo mais elevado, em sua lembrança do sublime, do qual, entretanto, nunca desistirá (com o que provavelmente concordariam seus semelhantes na autoestrada e na praia das férias).

Não parece, no entanto, que hoje corremos o perigo de criar um estilo elevado a partir, principal ou exclusivamente, da aversão à modernidade. Pois foi justo a relação com a modernidade que em muitos casos definiu as escolhas retóricas de grandes e nem tão grandes escritores no passado recente. Tal aventura teve lugar na geração de nossos avós (Ernst Jünger, Pierre Drieu la Rochelle, André Malraux, Ernest Hemingway, Gottfried Benn, Vladimir Maiakóvski, Henry de Montherlant, Bertolt Brecht; e Yeats e T.S. Eliot, em posições de destaque).

Essa geração de «escritores impetuosos», que abominavam o mundo apático e horizontal da democracia moderna, da sociedade moderna, regulada não por atos reais, mas pelos abalos na Bolsa de Valores e as eleições parlamentares, propagou um feito e tanto. Eram cavaleiros, entusiastas das touradas, soldados, nobres, homens sedutores, revolucionários, nacionalistas, comissários bolcheviques. Esse feito, indiferentemente se revolucionário, militar, erótico ou aristocrático, era para eles a metáfora do estilo elevado e um pretexto para esse estilo e para a retórica da atividade ardorosa, cujo objetivo final seria a rejeição do mundo moderno, fundindo-o numa liga mais preciosa (embora ninguém soubesse muito bem como deveria ser esse metal superior), tanto faz se de esquerda ou conservadora, desde que radical. Por isso inscreveu-se também na novíssima memória da Europa a crença falsa de que o estilo elevado é uma ferramenta reacionária, um golpe de martelo na modernidade.

Todavia nós – que na infância, com prazer (e por necessidade), brincávamos nas ruínas que nos deixaram de herança os inúmeros feitos de nossos bravos e eloquentes antecessores (que não eram escritores e que, depois de emergirem das loucuras da juventude, em geral se afastavam raramente de suas escrivaninhas maciças) – somos céticos em relação a essa retórica, a essa versão de estilo elevado, a esse rosto empolado. Sabemos também, ou supomos, que não podemos combater a modernidade (porque ninguém pode vencê-la!): é preciso apenas corrigi-la, completá-la, aperfeiçoá-la, enriquecê-la, é preciso falar com ela – mesmo que se tenha muito a criticar, mesmo que alguma de suas facetas menos inteligentes nos exaspere. A modernidade está em nós e é tarde demais para criticá-la de fora.

Às vezes me questiono se a tranquilidade da atual geração de escritores – que já não querem ser cavaleiros, nem oficiais heroicos com o rosto coberto de cicatrizes, liderando soldados para a luta, nem destemidos revolucionários cruéis com pseudônimos exóticos – não provém de uma escolha deliberada, de uma aceitação consciente de outra sensibilidade, ou se não seria também mera reação de saciedade, um cansaço da retórica barulhenta demais, um simples desejo de mudança. Em outras palavras, será que preferimos Vermeer a Rubens porque refletimos profundamente sobre o valor da contemplação e o valor, duvidoso, da ação radical, ou porque simplesmente nos conduzimos pela moda, pelo humor do momento, pelo que os outros dizem? O que é que nos conduz: a sabedoria ou apenas o conformismo? No segundo caso, seria preciso olhar com pessimismo para o futuro da literatura (e não só o dela).

Alguns anos atrás, quando o ministro dos Negócios Estrangeiros da França propôs ironicamente aos intelectuais que atacavam a ineficiente política europeia na Bósnia que eles fossem lutar contra o invasor, assim como fizeram Malraux, Simone Weil e muitos outros durante a Guerra Civil Espanhola, ele não considerou a mudança de geração, a fundamental mudança de atitudes. Quem é adepto do dialogismo e gosta do murmurinho dos laptops não vai lutar com arma na mão. Para isso seria necessária a mentalidade dos aventureiros, a mentalidade da geração de nossos avós.

No entanto, se hoje o estilo elevado não se desenvolve a partir da aversão à modernidade, então, inversamente, quem sabe o estilo baixo, irônico, coloquial, raso, pequeno e minimalista não se origine justo do ressentimento, da reação contra nossos eloquentes predecessores? Talvez não em todo lugar, não em toda esfera linguística. Aqueles que leem alemão decerto já perceberam que a literatura alemã tem vetado o «sublime» ou o «metafísico», como se tudo que fosse elevado, mais ousado, intelectual mas não irônico, aludisse a uma tradição perniciosa e conduzisse – sim! – às regiões politicamente perigosas do fascismo.

Uma questão à parte, mas relevante, diz respeito a um dos problemas fundamentais de cada criação artística: será que nós, do modo como nos propõe a alma muito sóbria da democracia, reconhecemos que discursamos num quarto vazio, que falamos exclusivamente de nós mesmos, de nossa vida espiritual, de nosso psiquismo, confessando nossos pequenos pecados e pequenos deslumbramentos, ou, como queriam a Antiguidade e a Idade Média, e como sonharam os românticos, estamos submetidos à autoridade mais ou menos visível da verdade que se encontra em algum lugar fora do nosso crânio?

Difícil essa pergunta: quem gostaria de abrir mão da liberdade que nos trouxeram as revoltas europeias contra a autoridade da Igreja? Não parece que, ao reconhecer aquela «autoridade invisível da verdade exterior diante de nós», deveríamos anular os trezentos anos de árdua emancipação dos europeus como cidadãos, indivíduos, individualidades, homens e mulheres? Afinal, não podemos rejeitar nem remover o Iluminismo de nossa história; o já mencionado Jerzy Stempowski escreveu em seu livro *Ziema berneńska* [Terra de Berna] sobre as árvores da Suíça Central. As tílias, as árvores consagradas ao amor e a Vênus, começaram a ser plantadas no século XVIII, ele contou, ali onde antes, em quase todas as periferias das aldeias, no chamado Galgenberg, erguia-se uma forca. Quem, num ataque de fúria, quiser apagar o Iluminismo da nossa história deve pensar nas tílias, essas árvores lindíssimas, com um perfume inebriante (por isso, não sem razão, oferecidas a Vênus), que substituíram a madeira seca das forcas não faz muito tempo, somente há duzentos e poucos anos. E talvez elas não estivessem ali se não fossem o pedante século XVIII e suas perucas.

Não há como «retornar» à cuidadosamente ordenada transcendência «medieval»; também as prescrições tardias de T.S. Eliot, recomendando aos poetas uma disciplina impessoal e o ingresso numa ordem espiritual superior, na ordem de *caritas*, parecem excessivamente pedantes, recendem o odor de presbitério. No entanto, a intuição à qual os autores com frequência se referem, a intuição que dita ao artista a palavra mais importante do poema, a nota mais essencial da sonata, merece atenção especial. Talvez não estejamos sozinhos de todo no quarto vazio ou no ateliê; e se tantos escritores gostam da solidão talvez não seja por se sentirem tão solitários. Existe uma voz mais elevada que às vezes, raramente, é pena, lhes fala. Uma voz que ouvimos em momentos de maior concentração. Mesmo que essa voz tenha falado uma única vez, mesmo que tenha se expressado só depois de muitos anos de espera, tudo se transforma. Isso significa que a liberdade que tanto amamos e à qual tanto almejamos não é nosso único tesouro. A voz que às vezes ouvimos não a retira de nós, apenas nos mostra que ela tem limites, prova que a emancipação não pode ser plena.

Por isso estou pronto a defender a noção de «inspiração», para a qual fazia cara feia o notável professor de poesia Paul Valéry. A inspiração não exime ninguém do trabalho diligente e da disciplina, mas é ela – que provavelmente difere para cada artista, adotando novos disfarces, mas agrupados na demasiadamente conhecida figura da Musa – que nos conduz na direção daquela voz. (A Musa, que hoje nos parece presente apenas como personagem cômica, antigamente despertava sentimentos muito complexos; Robert Graves acreditava que a presença dela causava emoções que iam do êxtase ao terror, emoções de caráter profundamente religioso.) Infelizmente a inspiração não dura muito, mas é um momento de extrema importância, quando algo em nós se purifica e se abre para a recepção da voz de que tão pouco sabemos, mas sem a qual seríamos pouco mais sábios que os outros mamíferos.

Na língua inglesa existe uma palavra muito útil: *cant*, que significa «balela», uma mentira em estilo elevado, uma tartufice. Todo aquele que hoje fala do estilo elevado deve se lembrar das inúmeras possibilidades de abusos retóricos, das novas variações de *cant*, das odes a Stálin e outros tiranos e também dos milhares de poemas ruins e amadores que cantam o Infinito ou louvam ingenuamente um Deus ingênuo. Não precisamos necessariamente ir na cola da desconfiança de Bertolt Brecht e seus congêneres em relação à poesia idealista utópica, mas não nos livraremos tão logo do ceticismo diante do páthos fácil. Sem dúvida cada época necessita de sua própria dicção: aquele que hoje exalta a linguagem elevada valendo-se da sintaxe anacrônica do movimento modernista da jovem Polônia, ou, no caso da poesia de língua inglesa, da era vitoriana, está fadado ao ridículo. Aprendemos também a valorizar a atenção ao detalhe, ao concreto; a dicção elevada de hoje deveria manter essas descobertas e não se refugiar em clichês sublimes.

Ao dizer isso, me lembro de um fragmento comovente das memórias de Aleksander Wat (memórias gravadas em fita; Wat conversava com Czesław Miłosz, a quem contou sua vida) publicadas anos depois de sua morte no livro *Mój wiek* [Meu século]. Wat, jovem poeta aficionado pelo dadaísmo, apaixonado por experimentos linguísticos, um crítico lúdico da linguagem, conta a Miłosz a virada que sofreu na prisão moscovita de Lubianka (prisão da qual era difícil sair vivo; os sobreviventes em geral eram enviados à Sibéria). Compreendeu ali que a linguagem confiada ao poeta é preciosa e frágil ao extremo, particularmente ameaçada em nossos tempos, e por isso o trabalho do poeta deveria ser a defesa da linguagem, e não o escárnio linguístico. Essa «anedota» da prisão, que os leitores e críticos poloneses conhecem tão bem, tem um significado simbólico: ela localiza no mapa o divisor de águas entre duas correntes da poesia do século XX (correntes sobre as quais a crítica literária se cala, ocupada com outros fenômenos estéticos mais evidentes), a corrente crítico-vanguardista, analítica e suspeitosa, e a corrente (que atrai bem menos poetas) mais reconstrutiva que destruidora, mais extática que sardônica, que procura o que está oculto. Para esse tipo de reflexão, não poderia haver lugar melhor que Lubianka.

Os poetas da Europa Central, mesmo que por sorte tivessem se safado de Lubianka, conheciam bem essas duas correntes e compreendiam perfeitamente a observação de

Alexander Wat. É claro que nem todos tiraram conclusões radicais disso, mas o autor do ciclo, cujo personagem principal é Pan Cogito [O sr. Cogito], certamente concordaria com Wat.

Um dia Zbigniew Herbert foi a nosso liceu em Gliwice. Para dizer o mínimo, não era um liceu apaixonado por poesia. Era apaixonado pelos incipientes encontros amorosos a sós e também por bicicleta, pela música de Elvis Presley, Chubby Checker e Little Richard e pela vida compreendida sobretudo como um olhar não muito atento para um futuro distante; se os alunos mais estudiosos daquele liceu (entre os quais, não posso negar, eu me incluía) lessem coisas mais sérias, estas seriam mais direcionadas à moda de então. Líamos obras do teatro do absurdo, fartamente apresentado nas brochuras do periódico mensal *Dialog*, adorávamos a literatura de humor tragicômico e nosso deus era o inclemente Kafka, com seu rosto magro de artista da fome. Pouco nos interessavam os que escreviam em nossa língua; éramos esnobes (nos países pequenos, é comum que se voltem as costas aos patrícios).

A visita daquele rapaz, poeta aclamado mas mais conhecido dos leitores iniciados de Varsóvia e Cracóvia do que de nós, da província, para o qual aquele encontro com os alunos, à uma da tarde, devia ser a mais tediosa das obrigações, um meio de ganhar um modesto honorário pago pelo conselho administrativo da escola local (com certeza, na manhã daquele mesmo dia havia se apresentado numa escola em Bytom, e talvez ainda o esperasse um encontro de escritores à noite, em Katowice) mudou minhas convicções literárias. Talvez não de imediato, foi com certo atraso, porém com certeza. A partir de então, eu seguia de perto sua obra, na qual, diferentemente, por exemplo, de alguns autores do teatro do absurdo, não havia *parti pris*, não havia teoria apriorística do mundo. Havia uma busca incansável e flexível de sentido; flexível como a busca de alguém que anda ao amanhecer por uma cidade italiana. Marcada pela guerra, pela ocupação e pelo totalitarismo soviético sujo e cinzento, em geral sua poesia não perdia certa tranquilidade humanística, *serenitas*.

Zbigniew Herbert morreu em julho de 1998, aos 73 anos. Talvez seja muito cedo para buscarmos «a fórmula definitiva» de sua obra. (Talvez fosse melhor não buscar essas fórmulas.) Mas já que estou tratando do estilo elevado, a poesia de Herbert oferece um dos melhores exemplos de artistas que não se fossilizaram em apenas uma roupagem estilística. Ao contrário daquilo que chamou de «ululo» (poeta de um país que na história recente conheceu mais derrotas do que triunfos!), escreveu no poema «Dlaczego klasycy» [Por que os clássicos]:

se o tema da arte
for um cântaro destroçado
uma pequena alma destroçada
com uma enorme pena de si mesma

aquilo que restará depois de nós
será como o choro dos amantes
num hotelzinho sujo
quando alvorece o papel de parede

Seu grande hino continua sendo «Przesła-
nie Pana Cogito» [A mensagem do sr. Co-
gito], poema em que o ceticismo se une ao
sublime, no qual «a face de bufão» expressa
grandes palavras:

Vai aonde foram os outros até o
    [limiar obscuro
atrás do tosão de ouro do nada tua
    [última recompensa

vai ereto entre os que estão de joelhos
entre os que viraram as costas e os
    [derrubados no pó

sobreviveste não para viver
tens pouco tempo é preciso dar testemunho

sê corajoso quando a razão falha sê corajoso
no cálculo final apenas isso conta

e que a tua Ira impotente seja como o mar
sempre que ouças a voz dos humilhados
    [e espancados

que não te abandone o teu irmão Desprezo
para com os delatores os carrascos os
    [covardes – eles vencerão
irão para o teu enterro e com alívio
    [jogarão um torrão de terra

e o caruncho escreverá tua biografia
    [retocada

e não perdoes em verdade não está
    [em teu poder
perdoar em nome daqueles traídos
    [na madrugada

guarda-te no entanto do
    [orgulho desnecessário
contempla no espelho a tua face de bufão
repete: fui chamado – por acaso não
    [havia alguém melhor

guarda-te da aridez do coração ama
    [a fonte matinal
o pássaro de nome desconhecido
    [o carvalho invernal
a luz no muro o esplendor do céu
eles não precisam do seu alento cálido
existem para dizer: ninguém há
    [de te consolar

vigia – quando a luz nas montanhas
    [der o sinal – levanta-te e anda
enquanto o sangue revolve no peito
    [tua estrela obscura

repete os velhos sortilégios da humanidade
as fábulas e as lendas
pois assim conquistarás o bem que
    [não conquistarás
repete as grande palavras repete-as
    [com persistência

como aqueles que andavam pelo deserto
[e pereciam na areia

e serás recompensado com o que têm à mão
o flagelo do riso o assassinato no monturo

vai pois só assim serás aceito no círculo
[dos crânios frios
no círculo dos teus antepassados:
[Gilgamesh Heitor Rolando
os defensores do reino sem limites e
[da cidade das cinzas

Sê fiel Vai

Somos tão prosaicos, tão comuns (será
que merecemos a poesia?) − mas também
seremos legendários para as gerações futu-
ras, porque já teremos vivido e nossa pala-
vra significará mais do que hoje gostaríamos
de admitir.

1999

Contra a poesia

1

Quem escreve poemas às vezes se dedica, à margem de sua atividade principal, a elaborar uma «defesa da poesia».

Com todo o respeito que tenho por esse gênero (eu mesmo já o experimentei), gostaria de perguntar se por acaso esses tratados elegantes e muitas vezes inspirados não enfraquecem a poesia ao invés de fortalecê-la. Mesmo os grandes poetas – Shelley, por exemplo – testaram a mão em ensaios defensivos. Será que não perderam um tempo valioso num exercício inútil no campo da retórica devota? O que mais poderíamos esperar do poeta senão a defesa da poesia? Será que precisamos tratar seriamente a defesa de nosso próprio ofício? O que pode ser mais óbvio que um artífice defendendo seu território? Não foi mais interessante o gesto de Witold Gombrowicz – ficcionista, e não poeta –, quando, ao escrever o ensaio *Contra os poetas*, provocou ao menos uma troca interessante de opiniões? Até mesmo Czesław Miłosz juntou-se à discussão. Mas Gombrowicz atacou sobretudo a «doçura» da poesia; em seu juízo, havia excessiva concentração de açúcar nos poemas – hesitou antes de rejeitá-los em sua totalidade.

O que, antes de tudo, depõe contra a poesia? Vamos começar pelos exemplos mais fáceis, pelos poemas absolutamente ingênuos, escritos por amadores simplórios, funcionários aposentados dos correios e senhoras entediadas em suas casinhas belamente decoradas. É claro que serão poemas exaltando o pôr do sol, a primeira neve, as belezas de maio, a margarida, o esquilo e a bétula. Gottfried Benn não gostava deles, caçoava dos poemas sobre a primavera que apareciam nas revistas culturais em abril ou março. O que há de mal neles?

Nada de mal – mas muitas vezes sua ingenuidade transbordante pode despertar certa má vontade impulsiva e não de todo injustificada. Saber reconhecer o que é negativo e ameaçador na vida é fundamental. Esses poemas sobre margaridas costumam não levar em consideração a negatividade do mundo – e por isso são ingênuos. Poderia parecer uma objeção insignificante. Afinal, qual é o problema de um poeta de Idaho elogiar as flores? Vamos admitir que exista um traço simpático nesse estrato da poesia ingênua um tanto amadora e, certamente, inofensiva, ainda que esses poemas não nos ajudem a compreender o mundo (parece que Newton chamava a poesia de *disingenuous nonsense*).

Afinal, ao escrever seus versos rasos, nem mesmo o amável funcionário aposentado dos correios vive num estado de enlevo permanente. Talvez seja um homem tranquilo, mas também experimenta momentos de medo ou ansiedade, de desespero. Será que consegue expressá-los em suas criações? E mais: pode ser que esse funcionário aposentado não seja de forma alguma o homem bom que supunham os leitores de seus poemas. Quanto aos gigantes da literatura, temos uma resposta preparada de antemão: a obra redime a fraqueza de caráter do autor (*he wrote well*). Mas será que isso se aplica ao poeta menor? E ainda outra pergunta, que talvez não ocorra no caso de artistas de peso: por que esse senhor não expressa em seus poemas aquilo que nele há de desacerto ou desagrado? Será que só porque se adapta às regras da vida coletiva, que nos obriga a revelar somente as boas qualidades, ou aquilo que passa por boas qualidades, e a esconder a sete chaves nossos defeitos e infortúnios? Se assim for, então não é um grande problema. Pior se a natureza da poesia fosse a maior responsável por isso, saudando de boa vontade o enlevo e rejeitando o que fosse negativo – sendo, portanto, não isenta de hipocrisia.

2

Se assim fosse, a poesia pecaria por expressar apenas uma parte pequena, e não o todo, de nossas energias espirituais; a poesia, como sabemos, é liberada por certo estado de espírito excepcional e lendário chamado inspiração. A inspiração que acompanha poetas e romancistas, músicos, pintores e, ao que parece, alguns estudiosos e pregadores, e até aqueles que escrevem (escreviam) cartas lindas e longas, não serve à humanidade por ser acompanhada de euforia e alegria (embora isso ocorra), mas, antes, por parecer pairar sobre a rede trivial de circunstâncias empíricas que são nosso destino e prisão cotidianos. Eleva-nos acima do dia a dia para que possamos ver o mundo com atenção e ardor. Não nos liberta das limitações empíricas: os poetas não levitam, não são mais resistentes às doenças, não recebem imunidade diplomática; como sabemos, nada defendeu Mandelstam, um dos mais inspirados do século XX, da deportação e da morte no campo de concentração. E no entanto, no sentido estético e até filosófico, a inspiração parece oferecer à mente por ela escolhida a possibilidade de certo salto, de certa levitação puramente interior e que não pode ser vista de fora. Por vezes, com frequência, essa levitação se manifesta no caráter da obra, dá-lhe uma forma aperfeiçoada e maior força intelectual. Às vezes também ocorre de ser transferida para o leitor – e então é como uma tocha acesa passando de mão em mão. Seria uma tocha mais antiga que a olímpica passando entre as mentes humanas pelo menos desde os tempos de Homero.

Os próprios poetas discutem se a inspiração existe e se ela é necessária. Há várias escolas. Sabemos que Paul Valéry se opunha ao conceito de inspiração e louvava os elementos racionais de uma inteligência eficaz. Outros poetas defendiam a inspiração sem desconsiderar o trabalho preparatório persistente, o artesanato e a reflexão. Porém não se trata disso, mas desta pergunta, talvez um pouco perversa: a inspiração, aquela doença maravilhosa, não determina, de certa maneira, o temperamento e até a substância da poesia? Com efeito, a inspiração é uma espécie de positividade pura, é quase a encarnação da alegria (é melhor não observar as pessoas tocadas por ela — basta dizer que não lembram em nada os catatônicos taciturnos que não mexem um músculo por horas). Se assim for, ela não pode deixar de exercer pressão no conteúdo dos juízos e valorações presentes na poesia.

Contudo, não podemos saber se ao nosso entusiasmo corresponde alguma coisa na realidade, na estrutura do mundo; embora, no momento do êxtase, estejamos absolutamente convencidos disso e, ainda no dia seguinte, julguemos que seja verdade. Depois de uma semana, porém... talvez surjam dúvidas.

3

Alguém poderá me perguntar (e com razão): mas, rapaz, em que lugar você vive?! Afinal, a imensa e gigantesca maioria dos poemas hoje — e também dos poemas escritos no século XIX — não se caracteriza em nada pela alegria extática e o entusiasmo, mas, em maior grau, pela melancolia, a ironia, a dúvida e o desespero! Talvez certo tipo de ironia ressecada pela tristeza seja atualmente o grosso do material da poesia. Portanto, não é fácil fazer dos poetas os arautos da euforia.

O autor deste ensaio deveria, neste momento, desmontar sua modesta oficina de trabalho, capitular e voltar a escrever poemas, que é sua ocupação principal. Mas talvez a coisa seja mais complicada.

Sim, não falta melancolia nem ironia à poesia, seja à romântica, seja à contemporânea. Nós as encontramos desde a poesia antiga; Ovídio não escrevia poemas alegres no exílio. Os românticos choravam muito. Os contemporâneos não choram mais, preferem persistir no desespero frio e elegante, interrompido de tempos em tempos por um ataque de riso tenebroso. Mas não é verdade que a alegria e a melancolia formam uma espécie de par? Na poesia esses humores são elevados à categoria de quase cosmovisão, mas ainda assim preservam certo traço característico. A melancolia e a alegria são uma propriedade modesta e binária da poesia; tanto a afirmação quanto o repúdio têm em si o sabor do gesto levemente psicótico, o gesto de «sim» e o gesto de «não», emprestados sem cerimônia dos imperadores romanos (o imperador e o poeta fazem uso do polegar). Pergunto: por vezes a melancolia poética não é uma alegria disfarçada, como se o poeta quisesse se alegrar por mais tempo com o calor da inspiração e a escondesse na capa térmica da tristeza? E, algumas vezes, essas afirmações e negações podem ser um tanto a-históricas, mencionadas sem levar em consideração novos fatos e evidências; o tribunal se reúne, se inspira e, sem ouvir as testemunhas, sem ouvir qualquer promotor ou defensor, profere sua sentença apodíctica, belamente elaborada. Será que a queixa de Baudelaire é tão diferente da queixa de Ovídio?

O que há de errado nisso? O adversário da poesia vai responder com severidade: não é nem a onipresença da ironia barata que me dissuade da poesia, mas sua recusa em participar do trabalho intelectual de sua época e ignorar o que é mais interessante e talvez até o mais fundamental na atividade da mente humanista, que é o acompanhamento permanente, atento e nada fácil da paisagem complexa do mundo humano, na qual algo sempre se modifica e algo é sempre imutável. Além de suas outras ocupações tradicionais, o escritor tem uma tarefa importante: sopesar esses dois componentes; descobrir novas variações do mal, novas variações do bem, novos padrões de comportamento, modelos de vida intemporal; e avaliar o mundo. Esse mundo sempre um pouco novo e um pouco velho, que é ao mesmo tempo arcaicamente sempre o mesmo e mutante sob a influência da invasão da «modernidade», que o reveste de uma camada de náilon brilhante, o mundo que algum tempo atrás, e não sem a influência dessa mesma modernidade, foi sacudido em convulsões nos anos 1930 e

1940. Aquele trabalho intelectual da época, que tanto ocupa a mente humana, ainda continua amplamente focado na compreensão dos grandes infortúnios do século XX. A poesia pode participar disso?

4

Por que hoje tantas pessoas inteligentes, esclarecidas e cultas dão as costas para a poesia? Em alguns países a resposta é bastante fácil: na França, por exemplo, há algumas dezenas de anos a lírica entende sua vocação como um monólogo metodológico, uma meditação constante sobre a possibilidade do poema. É como se um alfaiate meditabundo, em vez de costurar a roupa, ficasse apenas pensando no belo provérbio árabe: «A agulha que veste tantas pessoas permanece nua». As pessoas pensantes que procuram respostas para perguntas cruciais se afastam dessa poesia seca, narcisista e hermética. Mas em outros lugares, em regiões onde a poesia ainda não renunciou ao diálogo com o mundo, também ocorre que a lírica não consiga interessar seus potencialmente melhores leitores.

Vejamos uma estrofe do belo poema de Auden, «In memory of W. B. Yeats»:

Tak czas pardonu udziela
Pismom Kiplinga, Claudela,
I wyrok na Yeatsa podrze

Też: za to, że pisał dobrze.[4]

[Assim o tempo perdoa os réus,
Os escritos de Kipling e Claudel
E a sentença para Yeats também
Se anula, pois escrevia bem.]

Lemos a estrofe com admiração e, no geral, aceitamos seu sentido. Mas se nos detivermos nela e considerarmos seu significado, não há como não nos perguntarmos: será que realmente o fato de alguém ter escrito bem, ou mesmo muito bem, nos permite esquecer o que ele disse? Desconsideremos os nomes mencionados por Auden em seu período marxista (Claudel precisaria mesmo de perdão, ou Yeats?); encontraremos esse vezo não só no autor de *O escudo de Aquiles*. Existe uma tendência em demonstrar indulgência não apenas para os poetas como também para os romancistas e de tratá-los como se tratam crianças: você disse algo estúpido, mas você é simpático (tem uma carinha linda). Se, no entanto, levamos a literatura a sério, então por vezes é necessário rejeitar a

---

4   A versão polonesa da estrofe de «In memory of W. B. Yeats», de Auden, usada no ensaio, é de Stanisław Barańczak. O poema em polonês tem o título «Pamięci W. B. Yeatsa» e foi publicado no livro «44 wiersze», por Wydawnictwo Znak, 1994. A estrofe original é a seguinte: Time that with this strange excuse/ Pardoned Kipling and his views,/ And will pardon Paul Claudel,/ Pardons him for writing well.

obra de alguém, mesmo que tenha sido «bem escrita» – por exemplo, cancelar boa parte da obra de Maiakóvski, apesar de ser difícil lhe negar um belo talento.

O poeta que concorda em aceitar uma tarifa reduzida para a poesia (vou me servir da fórmula já um pouco esquecida de Artur Sandauer) diminui o seu significado.

5

Será que existe algum elemento ontológico da realidade ante o qual a poesia seja impotente? Seria o mal? A poesia seria impotente diante do mal? Mas, afinal, temos Dante, temos o Fausto de Goethe, temos Otelo e Macbeth (a argumentação «estatística» de que temos mais poemas extasiados – Keats, Whitman e Claudel, por exemplo – do que poemas que confrontam o mal não teria muito sentido aqui).

No entanto, aqueles que quiserem compreender a ditadura moderna, nazista ou stalinista, preferirão buscar trabalhos históricos e filosóficos, o livro de Raul Hilberg, talvez a obra de Hannah Arendt, de Eric Voegelin e Aron, até os diários de Speer, o livro de Hermann Rauschning, os primeiros volumes de Soljenítsin, as memórias das vítimas e dos carrascos do Holocausto. Lerão Chiaromonte e os historiadores da Rússia do século XX, estudarão os trabalhos de François Furet, Martin Malia, Kołakowski e tantos outros analistas perspicazes (outra coisa é saber se, na realidade, a resposta definitiva que se procura se encontra nesses livros – e se a resposta definitiva realmente existe). E se eles se preocuparem com patologias mais recentes e atuais da sociedade e do espírito, também não hão de lhes faltar leituras apropriadas.

Espere aí, dirá um de meus amigos poetas: será que a poesia tem que ser apenas um pronto-socorro intelectual, cujas ambulâncias em disparada gritam pelas ruas escuras da cidade adormecida? É claro que não. Limitar a poesia a esse tipo de função seria uma interpretação reducionista ridícula. Por outro lado, os poetas não podem ignorar o que chamamos de debate intelectual da época; não podem se esquivar dele por completo. Se esse debate de fato existe e onde podemos encontrá-lo já é outra questão; parece-me, contudo, que existe tal discussão, mesmo que tenha sido interrompida e imperfeita.

Se os poetas se abstêm desse debate, convencidos de que os pequenos tesouros de emoção lírica ou melancolia têm mais valor que a meditação sobre o mal radical do século XX ou a imensa tristeza, e o imenso tédio, do nosso tempo, então estão contribuindo para que a poesia aos poucos perca sua posição central entre as obras humanas, que lhe foi dada pelos deuses e gregos, e se transforme num hobby curioso para estudantes e aposentados – já que não serve aos adultos, que devem se concentrar naquilo que de fato importa.

Afinal, não se trata aqui do debate, mas da verdade – porque o único argumento forte contra a poesia seria a acusação de que ela não procura a verdade do homem e do mundo, limitando-se a colecionar berloques bonitos nas praias do mundo, conchas e seixos.

Sim, com certeza. Temos *As elegias de Duíno*, *A terra desolada*, de Eliot, *O tratado moral* e *O tratado poético*, de Miłosz, os poemas de Mandelstam sobre Petersburgo, *O escudo de Aquiles*, de Auden, *Réquiem*, de Akhmátova, os poemas de Celan, a poesia de Zbigniew Herbert – do que tratam, senão exatamente disso? Do mal, da modernidade, da vida em nossa época e da resistência que ela nos opõe.

6

Contudo, observemos mais uma vez a relação entre o mundo e a poesia: não é verdade que, apesar de tudo, apesar dessas conquistas, desses poemas raros e extraordinários, em que alguns grandes poetas litigam contra a vileza de nosso tempo, a poesia quase não disponha de um órgão cognitivo precisamente focado na vileza, na pequenez, no tédio (e não penso aqui no tédio elegante do artista, no *spleen* de Baudelaire, apenas no tédio e na letargia das tardes comuns de domingo em nossas cidades), assim como em Eichmann, no furioso skinhead e no burocrata sem alma?

Com certeza, é perceptível que certo tipo de mal – vamos chamá-lo «mal de Dostoiévski»: o mal de Stavrogin e Smerdiakóv e também o mal do jovem Verkhovenski, que é o mal ao mesmo tempo psíquico e teológico – desvia o olhar da poesia e apenas o romance (talvez só Dostoiévski!) pode dar conta dele. E no que concerne ao poderoso mal do nazismo e do stalinismo, a poesia se ocupa mais do pesar das vítimas, e às vezes o faz maravilhosamente: em Celan, por exemplo, em Miłosz, Herbert e Akhmátova. Entretanto, e com muita dificuldade, só pode propor uma reflexão sobre as fontes do mal – e mesmo os maiores intelectos filosóficos não conseguem nos oferecer muito mais.

Não se trata apenas de uma questão da percepção do mal. Ocorre que a definição contemporânea de poesia, que não é uma definição teórica, pois isso não existe, mas prática e praticada até pelos maiores mestres, reflete fielmente as mudanças havidas na mentalidade moderna e contemporânea. Rainer Maria Rilke, o poeta do século xx mais admirado mundialmente, não tem muito a dizer sobre o tema que fascinou os antigos e deveria também nos interessar: como viver entre as pessoas, em que comunidade humana? Embora fale esplendidamente sobre como viver na privacidade da existência, na solidão, no amor solitário e também sobre como morrer.

7

Talvez seja isso mesmo: a poesia lírica tem duas asas, duas aflições principais; uma delas é primordial, talvez o centro absoluto da lírica de cada geração; é a necessidade de continuação, da manutenção da vida espiritual, ou melhor, a necessidade da concessão de uma forma à vida interior – porque na poesia, como na meteorologia, chocam-se sempre duas frentes atmosféricas: o ar morno de nossa introversão se encontra com a frente fria da forma, com a brisa fresca da reflexão. Esses «pequenos tesouros da emoção lírica», sobre os quais falei quase que com desdém por um momento (de propósito! pedagogicamente!) são de fato tesouros – e seu registro tem enorme importância, independentemente do sentido filosófico que lhes é atribuído.

O que é a vida espiritual? É constrangedor que também seja necessário pensar sobre isso – mas quando menciono essas palavras, talvez nos EUA (*spiritual life*) em particular, meus interlocutores me olham um tanto zombeteiros, como se quisessem me dizer: Vá para o mosteiro! Mas a vida espiritual não precisa corresponder ao regulamento dos monges cistercienses; às vezes é simplesmente a observação atenta das coisas deste mundo com os olhos da imaginação. Pode ser também uma estação da busca religiosa – no entanto, é difícil dizer quanto disso chega à poesia contemporânea; não será a poesia mais uma mística para iniciantes? O filósofo católico Jacques Maritain incentivou os poetas a se concentrarem também na materialidade e no fazer poético.

Apesar disso – de que a poesia é uma arte e portanto não pode ser reduzida à atividade espiritual –, hoje é preciso relembrar obstinadamente que apenas na vida interior, assim como num espelho estilhaçado, cintila, às vezes, a chama móvel da eternidade, seja lá o que o leitor zombeteiro (ou não) queira entender por isso.

E, ao mesmo tempo, a vida interior precisa ser encoberta, não lhe é permitido mostrar-se em público; assim como os pobres foguistas do famoso poema de Hofmannsthal, «Manche freilich»[Alguns, claro], ela precisa permanecer sob o convés do navio. Não lhe é permitido desvelar-se por dois motivos: primeiro, porque não é fotogênica – é transparente como o ar de maio –, e também porque, se quisesse atrair a atenção do público para si, ela se transformaria num palhaço narcisista. Mas, e aqui a comparação com o foguista é acertada, essa vida interior invisível e discreta é, com a sua paixão, sua ingenuidade, sua amargura e seu entusiasmo que sempre e apesar de tudo renasce, a energia derradeira e indispensável da poesia, do homem.

A cultura de massa contemporânea, às vezes engraçada e nem sempre nociva, se caracteriza por não ter a mínima ideia do que seja vida espiritual. Não apenas não consegue criá-la como a drena, a destrói e a corrói. Também a ciência, ocupada com outros problemas, de modo algum zela por ela – assim, somente alguns artistas, alguns filósofos e alguns teólogos defendem essa fortaleza frágil e ameaçada.

Defender a vida espiritual não é sinal de indulgência perante os estetas radicais; penso que a vida espiritual, a voz interior que nos fala – ou apenas sussurra – em polonês, em inglês, em russo ou em grego, é o esteio e o fundamento da nossa liberdade, o território indispensável da reflexão e da independência face aos golpes e tentações poderosas provenientes da vida moderna.

8

A segunda asa, entretanto, diferencia-se por um caráter mais intelectual, ou talvez mais cognitivo; trata-se do pensamento no sentido de uma consideração ousada da fisionomia cambiante de nosso mundo, da busca pela verdade sobre nós mesmos, do reconhecimento constante dos inúmeros corredores da realidade, da oposição contra a mentira. A poesia precisa vigiar a história; não pode confiar exclusivamente na experiência interior, compreendida da forma como é vista, por exemplo, pela poeta e filósofa inglesa Kathleen Raine – como um retorno a-histórico àqueles mesmos modelos e motivos do *sacrum*, reconhecidos por apenas alguns poetas da tradição inglesa (Blake, Keats, Yeats). O reconhecimento da mudança histórica, o plantão na pracinha em frente ao palácio do presidente, a reflexão sobre a lenta porém constante metamorfose da nossa civilização também são indispensáveis. Assim, o segundo pilar da poesia, ao lado da experiência interior que brota da fonte sobre a qual nada sabemos, é o olhar inteiramente sóbrio dirigido ao mundo histórico.

Por vezes a busca da verdade se transmuda num tipo ligeiramente diferente de investigação: a tentativa de estabelecer uma medida humana compartilhada. Cada escritor, cada poeta é também um juiz do mundo humano (julga então a si mesmo também); em cada verso do poema está incluído, sujeito a uma reflexão anterior, o julgamento do mundo. Em cada verso estão ocultos os sofrimentos do Camboja e de Auschwitz (eu sei, talvez soe dramático, o que fazer?). Em cada verso está também oculta a alegria de um dia de primavera. Em cada verso chocam-se o trágico e a alegria.

E ainda mais. Na poesia sempre precisamos levar em consideração pelo menos duas coisas: o que existe e como somos – precisamos ver clara e cruelmente a comédia humana, a vaidade e a estupidez de nossos próximos e de nós mesmos, mas não nos é permitido abandonar precipitadamente também as aspirações a um mundo superior, a uma ordem superior, mesmo que o espetáculo da loucura humana tenha nos desanimado da busca. Não nos faltam ótimos repórteres para nos lembrar da miséria humana; ao mesmo tempo, quase ninguém quer se lembrar do que nos eleva às alturas. E é preciso que essas duas visões constantemente se acompanhem. O relatório sobre a vileza humana – o mais honesto – só irá nos levar ao naturalismo raso. Se o enlevo com as possibilidades extáticas, com a dimensão teológica se afastar do ponto de vista sóbrio, criará uma retórica insuportável e plena de soberba injustificável. Mas perseverar simultaneamente nessas duas perspectivas é muito difícil; no fundo, a poesia é impossível (assim como, segundo Simone Weil, é impossível a vida humana).

9

E pode ser que seja assim, que essas duas asas se atrapalhem mutuamente – como no pobre albatroz, cuja marcha desajeitada no convés do navio foi descrita por um poeta compassivo. Elas se atrapalham por serem parcialmente contraditórias: a coleta apiária da espiritualidade é elegíaca, é uma atividade puramente meditativa (quase passiva e um tanto budista), situada entre a expressão e o conhecimento; enquanto isso, o reconhecimento intelectual do mundo exige a mente alerta, a inteligência rápida, outro tipo de orientação interior. Elas se atrapalham no estado de espírito, mas também na direção da busca e no tipo de curiosidade.

Em certo sentido limitado, essas duas asas da lírica que se estorvam uma à outra podem ser comparadas aos símbolos clássicos da razão e da revelação, a Atenas e Jerusalém (assim esse dilema foi visto por Lev Shestov, que optou por Jerusalém, e por Leo Strauss, que ficou com a incurabilidade do conflito). Os poetas, como certa parte das pessoas pensantes, também estão condenados a viver no estreito entre Atenas e Jerusalém, entre a verdade nunca inteiramente alcançável e o belo, entre a sobriedade da análise e a emoção religiosa, entre o assombro e a devoção, entre o pensamento e a inspiração.

10

Como vivem os poetas?, alguém pergunta. Eles realmente se batem entre a fé e a reflexão? Temo que vivam de forma diferente no dia a dia. Vivem defendendo a poesia. Os poetas vivem como defensores de uma fortaleza sitiada − observando se o inimigo se aproxima e de que lado vem. Essa vida não é boa; faltam-lhe muitas vezes generosidade, autocrítica; pode tornar os poetas incapazes de pensar contra si mesmos e talvez também contra sua época, que geralmente se engana.

Eles procuram a verdade? Será que não acreditam com demasiada facilidade em profetas levianos e em filósofos caóticos, aos quais não conseguem nem compreender nem rejeitar? A miséria da poesia reside justamente na confiança excessiva nos pensadores de plantão, e nos políticos. Assim, de fato, ocorreu em meados do século passado, cuja pesada tampa ainda nos esmaga. Os poetas possuídos por grande emoção, obedientes às energias do talento, não sabem reconhecer a realidade − por que Brecht serviu a Stalin? E por que Neruda adorava aquele mesmo déspota? Por que Gottfried Benn confiou em Hitler por alguns meses? Por que os poetas franceses acreditaram nos estruturalistas? Por que os jovens poetas americanos dedicam tanta atenção a sua família mais próxima e não conseguem descobrir a realidade mais profunda? Por que existem tantos poetas medíocres, cuja trivialidade nos leva ao desespero? Por que os poetas contemporâneos – essas centenas e milhares de poetas – concordam com essa mornidão espiritual, com essas piadinhas meãs irônicas, com o niilismo elegante e por vezes quase simpático?

11

Por fim, preciso confessar (como o leitor já adivinhou): não sou, de forma alguma, um adversário da maravilhosa poesia livre e sábia, que consegue ligar o perto e o longe, o baixo e o elevado, o terreno e o divino; a poesia que vai saber registrar os movimentos da alma, as discussões dos amantes, uma cena de rua urbana, mas vai ouvir também os passos da história, a mentira do tirano e que não vai falhar na hora da provação. O que me enraivece é só a poesia pequena, mesquinha, desinteligente, a poesia obsequiosa, que vai escutar servilmente os sussurros do espírito da época, aquele burocrata preguiçoso, voando bem próximo da terra numa suja nuvem de ilusão.

Poesia e dúvida

O moralista é alguém que apela para o lado melhor da natureza humana, um orador atento à escolha fundamental entre o bem e o mal; alguém que nos lembra de nossas obrigações básicas e condena nossas fraquezas e erros; alguém que discursa como um anjo. De qualquer modo, na Polônia é assim que costumamos pensar, talvez um pouco ingenuamente. Mas na França o moralista é o escritor que fala mal das pessoas. Quanto mais bate, melhor ele é. Esse gênero venerável, nascido sob o signo de La Rochefoucauld e Chamfort (e do maior de todos eles, Pascal!), decorre de uma tradição de escárnio desdenhoso que oculta um ideal de homem – geralmente não expresso – maximalista e matizado religiosamente. No século XX ele encontrou um expoente que em nada lembra seus honoráveis progenitores (é verdade que Cioran nota com satisfação que o príncipe La Rochefoucauld era tímido por natureza). Imigrante pobre da Romênia, filho de um padre da Igreja Ortodoxa, Cioran era, em certo sentido, um intelectual típico da Europa Central, um daqueles escribas que se aninham nos sótãos parisienses e sobre os quais não sabemos do que vivem nem de que país exatamente vieram, de que cidade, se de Budapeste ou Bucareste (pelo menos os parisienses nunca perguntam sobre isso, porque esse assunto não tem o menor interesse para eles).

Em novembro deste ano, um livro extraordinário foi publicado postumamente na França – os diários de Emil Cioran intitulados *Cahiers*, ou seja, Cadernos, editados por Simone Boué, sua companheira de longa data, também já falecida. A grande sensação causada por esse lançamento se deve ao simples fato de, dois anos após a morte do eminente escritor (1911-95), traduzido em muitos idiomas, ser esse (quem sabe?) seu livro mais proeminente. Cioran escreveu ensaios filosóficos fascinantes, muito sombrios, extremamente pessimistas, que se desenvolviam a partir do princípio: «Feliz aquele que nunca nasceu». Na verdade, esse livro novo não contradiz os precedentes, mas em certa medida os corrige, complementa-os de modo admirável. O autor surge como um pensador religioso, uma personalidade mais rica do que sugeriam seus escritos precedentes. Seus ensaios anteriores lembravam os jardins franceses meticulosamente aparados, porém o diário revela às vezes um homem diferente, menos consequente do que parecia ser até agora, não só um filósofo diferente e mais complexo mas até, por vezes, um poeta.

Os *Cahiers*, que abrangem os anos 1957-72, não vão, portanto, até o fim da vida do escritor, tendo sido publicado da mesma forma que a obra de Kafka: contra a vontade do autor, que não desejava que suas anotações viessem a lume (mas não as queimou! e, em nossos tempos, não se pode contar com os outros, é preciso que o próprio autor destrua seus manuscritos). É um livro demasiadamente irritante, e não é para menos: um diário íntimo que não incomoda ninguém provavelmente não é autêntico. Cioran nos irrita com seu narcisismo extremado – encontramos talvez umas duzentas autodefinições do autor no livro –, com seu mau humor, hipocondria, misantropia radical (toda vez que lhe acontece de entrar no metrô ou num trem suburbano, experimenta um choque de repulsa ante a visão da humanidade comum). O narcisismo diferencia Cioran de La Rochefoucauld – o príncipe nunca escreveu sobre si mesmo.

Cioran nos irrita com suas obsessões e ao mesmo tempo com a convicção, mencionada mais de uma vez, de que apenas as obsessões levam à grande literatura. Ele desperta impaciência, fúria e pena, mas também admiração, pela coragem em desnudar a própria pequenez. E por não ter parado por aí – pois afinal isso não é grande coisa, os jovens poetas americanos não fazem nada diferente em seus poemas imperfeitos – e ter construído um tratado filosófico imensamente brilhante com seu diário escrito a prestações e cheio de contradições dilacerantes, a confissão de um filho do século inteligente e triste.

Mas quem foi Cioran? Nascido num vilarejo da Romênia (do qual até o fim da vida se lembrará com ternura como o paraíso perdido), esse filho de um sacerdote ortodoxo, como já mencionei, era imensamente talentoso e começou a publicar cedo. E cedo foi também atacado pela vida espiritual loucamente intensa e por inúmeras neurastenias, além do maior de seus inimigos, um monstro sinistro chamado insônia (ou mais exatamente Insônia; esse mal ao qual Cioran confere às vezes certas virtudes filosóficas iria persegui-lo por muito tempo). Ainda antes da guerra ele foi viver na França, mas somente nos primeiros anos do pós-guerra tomou a decisão de escrever em francês (já era autor de alguns livros escritos em romeno e publicados na Romênia). Logo conseguiu a reputação de ser um dos melhores estilistas da literatura francesa, embora seu francês falado não tenha se livrado do sotaque romeno. Cioran, que era um perfeccionista, nunca apareceu na televisão ou rádio franceses; provavelmente lhe seria intolerável a ideia de que o estilista impecável dos livros pudesse mutilar a língua e não pronunciar como se deve todas as variantes da vogal «e» francesa.

A sombra em sua biografia traduz-se por um episódio fascista, um momento de verdadeiro entusiasmo a respeito da Guarda de Ferro romena (no diário ele anota: minhas afirmações só me causaram problemas, minhas negações despertam entusiasmo).

Morando bem no centro de Paris (21, rue de l'Odéon), Cioran tinha o dom incomum de atrair circunstâncias de vida paradoxais:

era um homem muito modesto e de poucas posses até o fim (embora no diário, nos anos 1960, ele anote quase aterrorizado: eu já tenho cinco ou seis ternos!). Não aceitava prêmios literários; escreveu no diário que, afinal de contas, não seria apropriado que Jó aceitasse honrarias literárias... Considerava-se um recluso e um asceta, e isso era verdade até certo ponto; ao mesmo tempo ele levava uma vida social «parisiense» excepcionalmente intensa e conhecia «toda Paris» (*le tout-Paris*). Às vezes era considerado uma «figura da moda»; tornou-se especialista em suicídio... Era amigo, entre outros, de Beckett (se é que dois excêntricos sejam capazes de ser amigos), de Ionesco, de Henri Michaux, conhecia Celan muito bem. Mas quem ele não conhecia?!

Ele ia às festas parisienses (e toda vez, no dia seguinte, se reprovava amargamente) e, quando encontrava os amigos, falava por horas, não dando vez a ninguém. E sofria por causa disso depois! Não suportava a hipocrisia parisiense, a indústria literária parisiense, os esnobismos parisienses, mas ao mesmo tempo nadava neles como um pato na lagoa; certa vez, por ocasião da ida ao vernissage de Józef Czapski (pois também o conhecia – e acho que, à sua maneira, também o admirava), escreveu que os presentes na exposição sorriam sincera e não hipocritamente, porque eram poloneses e não franceses.

Seu diário é um hino em louvor da solidão e do silêncio; o grande conversador

Cioran amava apenas o silêncio. Por tudo isso é preciso admirar a honestidade do autor nesse diário. Ele muitas vezes fala mal de si mesmo, não cala sobre suas inúmeras pequenas traições, zomba de si mesmo, do budista fracassado, do místico que ficou a meio caminho, do taoísta que conhece meia Paris. Mas ele só traía a si mesmo, a cara imagem de si mesmo. Ele queria ser como um sábio oriental que despreza os assuntos menores deste mundo enquanto se aproxima do nirvana – ou, como diziam os estoicos, da ataraxia –, mas estava sempre se metendo em confusões: com o barbeiro indelicado, com a vendedora insolente, com a caixa lerda e consigo mesmo. Tinha um temperamento beligerante e, ao mesmo tempo, era atraído pelo ideal estoico – ou budista – da passividade e serenidade interior.

Da mesma forma, sonhava alcançar a mais completa indiferença em relação ao destino de seus livros. E mais: sonhava parar de escrever totalmente e obter a máxima satisfação e alegria da total passividade e das meditações que não gerariam fruto algum. A despeito disso, telefonava para seu editor para lembrá-lo de enviar seus livros às livrarias parisienses e, quando um redator americano recusou seu ensaio sobre Paul Valéry, sofreu como sofreria qualquer intelectual. Cioran não queria ser quem era – não queria ser romeno, nem escritor, nem brigão e, mais do que tudo, enojava-se da figura de homem das letras parisiense na qual se tinha transformado!

O desejo de ser «o filho do carrasco» – com o qual chocava os amigos – nunca o deixou e, ao mesmo tempo, ele viveu a vida certinha de um intelectual burguês; queria ser demoniacamente diferente, mas sem esforço (não queria se cansar – nem torturar os outros – como Sade ou mesmo Artaud); para ele seria melhor se herdasse da família a execrabilidade, da mesma forma que se herda a cor dos olhos. Outros sonham receber uma fortuna, mas ele preferiria herdar a infâmia.

Cioran admirava Simone Weil e havia entre eles uma semelhança secreta – ambos eram atraídos pela «descriação», ou seja, a destruição da própria existência. O suicídio era a maior obsessão filosófica de Cioran; várias vezes tratou essa obsessão pragmaticamente e escreveu que quem fica pensando em se matar não chega a fazê-lo. Diferentes em muitos aspectos – Cioran, um egoísta «preguiçoso» à maneira oriental, e Simone Weil, uma ativista incansável a serviço dos oprimidos –, os dois achavam que estavam atrapalhando Deus.

«Meu filho com certeza seria um assassino», pensava Cioran, que não tinha filhos; mas também disse a um amigo, prestes a se tornar pai, que ele estava assumindo um grande risco: «Seu filho poderá se tornar um assassino». A continuação da vida na terra parecia-lhe uma insensatez e cada nova gravidez, um mal-entendido.

«Assim como a cada manhã as pessoas vão ao escritório, eu vou para a minha Dúvida», escreveu numa entrada do diário.

A escrita do diário permanece sob o signo da Dúvida – nessa passagem, anotada com letra maíscula. Quem nos dita o ponto sobre a dúvida é a morte. Para que – para que fazer isso e aquilo, pensar isso e aquilo, proclamar isso e aquilo, se a morte chegará inevitavelmente? Uma tortura para Cioran eram os funerais dos amigos; a cremação no Père Lachaise agia com mais intensidade sobre ele do que as leituras dos antigos céticos e cínicos. Mas, às vezes, existia nisso também certa majestade: mesmo a vizinha insignificante, uma velhinha que por anos o irritou ao ouvir o rádio em alto volume, sofre uma metamorfose extraordinária na morte. Assim revela-se o Cioran barroco, vivendo sempre na proximidade do pensamento sobre a morte; também a sua insônia afigura-se uma prima da morte – sua mensageira.

O mundo oficial, tanto o político quanto o acadêmico, está infectado de mentiras; a verdade vive apenas na dúvida, na oposição, na solidão, numa atitude anarquista em relação à vida. Não é difícil perceber nisso um traço muito particular do ressentimento de Cioran: seu anterior e equivocado engajamento no fascismo romeno (um erro terrível que acometeu muitos intelectuais proeminentes da Romênia, não apenas a ele) certamente o levou a se precaver contra as afirmações. Gato escaldado... Interpretá-lo assim – e esta é uma leitura muito fácil, um tanto óbvia, fácil demais – é eliminar muito de seu charme sombrio, reduzindo-o automaticamente a «um dos muitos» intelectuais.

Mas o drama de Cioran também pode ser interpretado de uma maneira muito individual, como o registro do problema de uma alma também muito incomum: um dos temas desse livro de mil páginas é a história de amor do ensaísta pela poesia. Em poucas palavras, é a história da lenta asfixia da poesia pela dúvida e pelo ceticismo. Cioran tem seus poetas prediletos: Emily Dickinson, Shelley, Dowson, aos quais cada vez mais raramente recorre, se afastando da poesia cada vez mais. Não suporta as cartas de Rilke, prefere o cinismo de algumas cartas de Gottfried Benn. Para ele, o rival da poesia é a prosa amarga, escarnecedora e desprovida de sequer uma sombra de ilusão. Cada vez menos procura a poesia. No fim, o único poeta que lhe diz alguma coisa é Johann Sebastian Bach. A música de Bach – apenas o Messias, de Händel, lhe causa emoção similar – sempre o deixa siderado e sempre o obriga a passar para o outro lado: o lado da alegria e da afirmação, e de Deus. Mas apenas por um instante.

Em seu diário Cioran se mostra excepcionalmente lacônico sempre que aparecem momentos de poesia – sinalizados pela música e pelos longos passeios nas paisagens solitárias rurais da França. Entretanto a dúvida é muito eloquente; e é a ela que o autor continuamente dá voz, ele lustra suas sentenças como Spinoza lustrava diamantes. Seu diário é, essencialmente falando, uma tribuna a serviço da Dúvida. A poesia leva uma existência marginal, quase conspiratória; ela definha e se encolhe; mas até sua modesta presença faz com que o livro de Cioran, publicado depois de sua morte, tenha o encanto da novidade; é justamente o romance de Cioran com a poesia e a música que nos permite rever o retrato do misantropo parisiense revelado por seus ensaios anteriores.

Um outro livro, que aparentemente não tem nada a ver com o volume robusto das anotações do escritor, foi publicado em setembro daquele mesmo ano, *Piesek przydrożny* [Cãozinho estradeiro], de Czesław Miłosz, uma bela coletânea de prosas curtas e poemas. Não tem nada a ver? Quem sabe não encontraremos alguma semelhança...

Antes de mais nada, os autores pertencem à mesma geração, são contemporâneos; Miłosz é apenas três meses mais novo que Cioran. Eles devem ter se encontrado em Paris nos anos 1950. Além disso, *Piesek przydrożny* não é, a bem da verdade, um diário, mas um livro de estrutura frouxa e aberta, «tipo diário», e também um livro filosófico e até metafísico; como a obra de Cioran, é um tratado de nosso mundo. E os recursos de memória e experiência dos dois escritores não são tão diferentes assim: ambos chegaram a Paris, à Cidade Luz, provenientes de territórios perigosos e incertos da Europa Oriental (embora, verdade seja dita, Cioran tenha conhecido a ocupação nazista em sua versão francesa mais amena). E, mesmo em termos filosóficos, daria para encontrar algumas semelhanças. E no entanto é difícil pensar em dois livros mais desiguais. Embora basicamente similares em seus substratos – por exemplo, em ambos há a aversão à utopia, o fascínio pela religião, a crítica impiedosa às modas intelectuais parisienses ou ocidentais, a independência espiritual, a sensação de serem distintos de seus colegas intelectuais ocidentais, às vezes (frequentemente) a sensação de superioridade em relação a eles –, eles foram submetidos a um tratamento existencial diametralmente diferente.

Piesek przydrożny e os *Cahiers* de Cioran, quando examinados de perto, são como duas naturezas-mortas: numa delas, com o pincel de Miłosz, encontram-se em primeiro plano uma bela maçã e uma ostra reluzente, e só mais ao fundo, ao se olhar com atenção, vê-se a silhueta indistinta de uma guilhotina; já no quadro de Cioran, ao contrário, veem-se antes de tudo um crânio exposto e uma clepsidra elegante, dentro da qual escorre um fino fio de areia. A clepsidra esconde um cacho de uvas (é verdade que na iconografia barroca a maçã também relembra a transitoriedade...).

Piesek przydrożny é, contudo, um quadro muito particular; seu autor, Czesław Miłosz, quis nos mostrar aquilo que em geral ele reluta em nos revelar: o lado mais escuro da tela, sua consciência do terror, do horror da máquina soviética da morte, mas também do extermínio de que cada existência participa. Só que o tratado de Miłosz sobre a realidade é, no final das contas, uma obra serena, a obra de um clássico que domina o terror do mundo não se esquecendo dele, mas alimentando-se dele de uma maneira que lhe é própria. Aquilo que supera o desespero e a dúvida não é, no entanto, somente o próprio classicismo – ele seria um remédio fraco demais para o mal da realidade! –, mas a poesia é aquilo que não sabemos definir e que se manifesta com alegria e tristeza, misturadas entre si como oxigênio e nitrogênio. A poesia é uma semente de êxtase que muda o sabor do mundo. Semelhante nesse aspecto aos trabalhos anteriores de Miłosz, *Piesek podróżny* é uma balança em cujos pratos descansam sempre o terror e a beleza; e se a beleza quase sempre prevalece, isso ocorre não por algum humanismo abstrato do autor ou uma doutrina didática que autores de livros escolares saberiam analisar, mas graças à sua ardorosa e criativa curiosidade poética, produtora, tanto nos poemas quanto nas notas breves em prosa, daquele «algo mais», aquele *je ne sais quoi*, como dizem os franceses, ou seja, a poesia.

Em Miłosz, a poesia é justamente a geradora de sentido; se *Piesek podróżny* é uma tribuna, é apenas a tribuna da poesia (servida pela inteligência e a memória). Na verdade, em sua obra também não falta a dúvida, que tem aqui seu nicho confortável mas está atada a uma corrente e não lhe permitem vencer no debate; ela é uma serva dos poderes maiores que ela. É claro que outras forças vêm aqui se manifestar. Por exemplo, o senso de humor (que frequentemente falta a Cioran), caracterizado pela tolerância em relação às deficiências do cosmos e às imperfeições humanas – incluindo as imperfeições do próprio autor.

A poesia e a dúvida precisam uma da outra, convivem como o carvalho e a hera, o cão e o gato. Mas essa ligação não é harmônica nem simétrica. A poesia precisa muito mais da dúvida do que a dúvida da poesia. Graças à dúvida, a poesia se purifica – da insinceridade retórica, da tagarelice, da falsidade, da logorreia juvenil e da euforia vazia (não da euforia autêntica). Privada do olhar severo da dúvida, a poesia, sobretudo em nossos tempos sombrios, poderia facilmente se degenerar numa canção sentimental, num canto exaltado porém desarrazoado, num louvor irreflexivo de cada forma do mundo.

Mas a dúvida é diferente: ela foge da companhia da poesia; a poesia é para ela um oponente perigoso e, mais que isso, uma ameaça mortal. A poesia, mesmo a trágica, tenebrosa, sempre se eleva acima da dúvida, aniquila-a, tira-lhe sua razão de ser. A dúvida enriquece e dramatiza a poesia, mas a poesia liquida a dúvida – ou pelo menos a enfraquece tanto que os céticos acabam por perder a cabeça e silenciam, ou também se tornam artistas.

A dúvida é mais inteligente que a poesia, já que nos conta coisas maliciosas sobre o mundo, coisas que sempre soubemos mas escondemos de nós mesmos; a poesia, contudo, ultrapassa a inteligência apontando para aquilo que não podemos saber.

A dúvida é narcisista: olhamos para tudo e também para nós mesmos criticamente – talvez isso nos traga alívio. A poesia, entretanto, demonstra sua confiança no mundo, arranca-nos do escafandro apertado do nosso eu, acredita na possibilidade da existência da beleza e em sua tragicidade.

A disputa entre a poesia e a dúvida não tem nada em comum com o debate raso entre o otimismo e o pessimismo.

O grande drama do século XX fez com que tenhamos atualmente de lidar com dois tipos de mentes: a mente resignada e a mente que busca. A dúvida é a poesia dos resignados. A poesia, entretanto, é a busca, uma jornada sem fim.

A dúvida é um túnel, a poesia, uma espiral.

O gesto preferido da dúvida é o fechamento, o da poesia, a abertura.

A poesia ri e chora, a dúvida ironiza.

A dúvida é a embaixatriz plenipotenciária da morte, sua sombra mais longa e espirituosa; a poesia corre em direção a um objetivo desconhecido.

O motivo pelo qual uma pessoa escolhe a poesia e a outra, a dúvida, não sabemos e não saberemos. Não sabemos por que alguém é um Cioran e o outro, um Miłosz.

1997

Biblioteca Âyiné

1 Por que o liberalismo fracassou?
   Patrick J. Deneen
2 Contra o ódio
   Carolin Emcke
3 Reflexões sobre as causas da liberdade
   e da opressão social
   Simone Weil
4 Onde foram parar os intelectuais?
   Enzo Traverso
5 A língua de Trump
   Bérengère Viennot
6 O liberalismo em retirada
   Edward Luce
7 A voz da educação liberal
   Michael Oakeshott
8 Pela supressão dos partidos políticos
   Simone Weil
9 Direita e esquerda na literatura
   Alfonso Berardinelli
10 Diagnóstico e destino
   Vittorio Lingiardi
11 A piada judaica
   Devorah Baum
12 A política do impossível
   Stig Dagerman
13 Confissões de um herético
   Roger Scruton
14 Contra Sainte-Beuve
   Marcel Proust
15 Pró ou contra a bomba atômica
   Elsa Morante
16 Que paraíso é esse?
   Francesca Borri
17 Sobre a França
   Emil Cioran
18 A matemática é política
   Chiara Valerio
19 Em defesa do fervor
   Adam Zagajewski

Composto em Baskerville e Helvetica
Impresso pela gráfica Formato
Belo Horizonte, 2021